語り《ナラティヴ》を生きる

ある「障害」者解放運動を通じた若者たちの学び

林 美輝

晃洋書房

はじめに

本書で登場する何人かの人たちと私がかかわりだしたのは、今から約20年前の２００３年に大学院で助手として勤務しながら、いくつかの大学で非常勤講師をしていた頃からである。当時、関西のある大学で、私の授業を履修していた学生から会ってほしい人がいると言われて、彼らが連れてきてくれたキさん（仮名。→18頁参照）と、その大学の学内談話室で出会ったのが、はじまりである。

キさんは、脳性マヒの「障害」がある車椅子ユーザーで、当時は、その大学で学生を中心としたキさんを支援する〝介護〟[1]グループが存在していた。同大学の学生たちが、キさんの介護活動に参加していた。私が担当していた授業の受講者のみなさんにもいい刺激になると思い、受講者と講義の一環で大学近隣の街でふれ合うようなフィールドワークなどを実施した。その講義で一緒になったことがきっかけで、私もそれ以来、年齢が一回りくらい下の学生と一緒にキさんの介護活動に参加させてもらうことになった。介護活動に参加するようになった理由で特に明確なものはなく、その介護グループのミーティングに付き合いのつもりで参加していたところ、学生らが介護のスケジュール（関係者の中ではこれを「介護枠」という）調整をはじめた際に、「で、林先生はいつ入るのですか？」と当然のように聞いてきたので、私も面白そうだと思って入ってみることにした。

介護活動については、学生に謝金はおろか交通費、そしてキさんと一緒に食べるときの自分の食費も支給されるわけではなく、無償の活動であった。私にとって介護活動は、それ以前に社会勉強としてかかわらせてもらっていた活動先の1つに老人ホームがあり、それなりに興味はあったものの、特に自分の研究に関係づけるつもりもなく、学生やキさんと付き合うこともただ新鮮で面白いと感じていた。そして、介護活動というものも、その付き合いについてくるもの程度の位置づけであった。

はじめた頃の介護活動については、おおよそ次のようなものだった。定期的な会議で決められた介護枠の前日に確認の電話をキさんにする。当初、キさんの言葉が――マジョリティ中心の言葉遣いとなってしまうが、いわゆる「言語障害」のために――私にはなかなか聞き取れず、何度も確認しながら、ぎこちなく確認を済ます。聞き取りに慣れるまでの数ヶ月は、結構、苦労していた。そんな確認電話のやりとりを横で見ていた知り合いは、そんなのはメールでやりとりすればいいのではないか、と冷やかしたりする。確かにキさんは当時の携帯電話でメールは打つことができた（現在はスマートフォンでLINEも使ったりしている）。ただ、キさんの介護グループは、もともとは本書でみる介護グループの流れを汲んでいるだけあって、この事前の確認にもメールでは済ませない重みのようなものがあったし、その方が確実な面もあったのだろう。

当時のキさんは、新しくはないマンションの1世帯分を借りたグループホームに3人の「障害」当事者で住んでいた（キさんは、後にグループホームを出て1人で生活するようになるが、この介護グループの活動拠点もそちらに移ることになった）。介護に入るための前日の確認電話をした翌日、キさんの住むグループホームに、夕方からお邪魔する。キさんの介護者はたいてい2人であった。到着後、食事介護、風呂介護、そして一緒の部屋で眠りにつく前に、介護者そしてキさんが「介護ノート」というものを書く。介護者が介護に関する思いを書いたり、キさんが介護者に伝えた内容をそのノートに書いたりする。

学生たちは、この介護ノートに自分の内面、つまり感じたことや、考えたこと等をあれこれ書いていた。それに対して、私は年齢が一回りくらい下の学生に自分の内面を書くのも気恥ずかしくて躊躇してしまい、その日の出来事のようなものをシンプルに書く程度でいつもお茶を濁していた。すると、ある日の飲み会では、私が自分の内面について書いていないことについて、複数の学生から批判されたこともあった。それでもなかなか自分の内面は書けなかった。

泊まり介護で迎えた朝は、朝食を食べる手伝いをし、キさんが福祉施設に行くまでを見届けるというパターンのかかわりであった。お風呂介護とトイレの介護の経験は、当時の私にとっては、それまでの人と人との物理的な距離の取り方を一切とっぱらってくれるような経験であった。日常生活では、決して触らない他人のデリケートな部分、日頃は視界に入れない他人の部分、避けようとする他人の排泄の匂いに対して、介護活動では全く逆のベクトルでかかわらなくてはならない。デリケートな部分に、自分から積極的に丁寧に触れて、見て、綺麗になるように努力するとともに、排泄の匂いに対しては鈍感になるように自分に暗示をかけるようにしながら、キさんとの距離がどんどん縮まっていく。それまで経験した設備が整った老人ホームでの活動や、キさんと出会って数年後に生まれた自分の子どもの世話をするのとは、少なくとも私にとって全く違う感覚であり、当時は、それまでにない人と人の関係を作ることができたように思った。学生の彼らはこの経験を20歳前後からやっているのだと、羨ましく感じた。

キさんの介護活動だけではなく、彼が参加している社会運動団体の市役所との団体交渉、駅前での社会運動的なビラまき等、学生といろいろかかわらせてもらってきた。このことが縁で、現在もキさんと同じ市内で地域活動を一緒にし、彼が理事を務める後述のNPO法人クレヨン・リンクの顧問もさせてもらっている。キさんの風呂介護や食事介護も続けさせてもらっている（ただし、宿泊介護はしなくなった。なお、私が介護活動に参加させてもらってから、数年後に、キさんを支援する学生の組織的な介護活動は行われなくなった）。

活動に参加させてもらってから数ヶ月経った頃に分かってきたことがいくつかあった。キさんが、市役所などでの団体交渉の際にメンバーの一員として参加しているこの運動団体は、脳性マヒの「障害」のある当事者団体として有名な「青い芝の会」（後述。コラム1参照）とかかわりのあるものであった。キさんとは別の「障害」者で、森《もり》修《おさむ》（1949年生～2016年没）という、大阪青い芝の会の元・会長でもあった社会運動家が中心となって、地域で、森やキさん以外の「障害」のある人々も数名、学生や社会人の力を借りて親元を離れて生活を営んでいた。しかも、21世紀にもなって学生の（全員ではないがその）多くが、いわゆる「障害」のない人々のことを指して「健常者」ではなく、いかにも「青い芝の会」らしく、「健全者」という言葉で語っている場合が少なくなかった。[2] こういった支援活動を指す際には当時にあっても「介護」という言葉よりも、「介助」という言葉の方がメディアなどでは一般的であったと思われるが、彼らは「介護」[3]や「介護ノート」という言葉を使っていた。ある人はこの地域が数十年前で、時間が止まったままだという趣旨のことを語っていた。

「健全者」や「介護」という言葉と同様に、ここでの〝関係者〟で共有されている語りが、他の地域でも若干みられるものもあれば、ここでの〝関係者〟に独特かも知れないものもあった。1つには他の地域でもみられることであるが、電車を利用する際に、駅員が、行き先などを「障害」当事者ではなく介護者に問うと、その駅員が当事者に直接問わないことについて批判的に語られる。もう1つは、車椅子ユーザーであるキさんが駅の階段を上がるのを手伝う際に、「私はこっちを持ちますね」と言うと、「『持つ』というのは人をモノ扱いしている」等と必ず叱られることになった。駅員とのやりとりにせよ「持つ」という言葉を控えるということにせよ、本人が求めている語り方ということもあるし、本人を尊重するという点から容易に共有できた。

ただ、「障害」のある人たちの何らかの経験が足りないと判断されたときに、学生たちが「奪われた経験を取り戻す」というような言い回しを使うのには、少し悩んだ。これは、日本における一部の識字教育に関する語りで差別や貧困等によって学ぶ機会を奪われた人たちの運動を踏まえた表現ではある。何らかの経験が足りなさそうな他者を評して「奪われた経験を取り戻す」という語り方は、語りを共有する人たちからすれば、「障害」者が歴史的、社会的に学校教育などから排除されてきたわけであるし、何ら不思議な語り方ではない。ただ、語りを共有しない人たちからすれば、その人の社会的経験が疑われる行為の原因は別のところにあると考えたりするかも知れない。だから、この言い回しは、「障害」者をとりまく背景について学び、それらの語りを共有した人でないと分かりにくいところもあるように思えた。これらは、ここ十数年の社会調査の研究で普及してきた用語法でいえば、特定のコミュニティのみで共有されている〝モデル・ストーリー〟や慣習的用語法（桜井 2012: 104）の存在を彷彿させるものであり、先の「健全者」という表現同様に、何らかの語り方の共有がされているように思えた。そこでは、語りの共有を可能にする独特のコミュニティがあり、その語りを彼らが生きているようだ。

そのことにも驚いたのだが、この活動で一緒になる地域の社会人のメンバーの多くが（全員ではない）、活動の地からは、決して近所ではなく、電車を何度も乗り換えながら1時間以上かかるところにあり、多数の学校教員を輩出している国立大学（以下、X大学）の出身者で、学生として大学に通っていたときに森の介護者だったということである。具体的には、キさんが当時住んでいたグループホームのスタッフ、自治体職員、地域の学校教員、福祉事務所の職員等々であった。その当時知っていた範囲だけでも十数人もの人たちが小さなこの市内、あるいはその隣の小さな市に住んだり働いたりしていた。その世代の幅も、大学入学時期で説明すれば１９７０年代後半に大学に入学した者から、２０００年代後半に入学した者まで幅広いものとなっている。当時から最近まで前述のキさんの風呂介護のために、近所の銭湯に行くこともあったのだが、地域住民として生活している彼らとキさんがそこで自然に出会うこともあった（この原稿執筆中に、この銭湯は閉店となった）。仕事や運動とは関係なく付き合うようなことが今も昔も続いている。また、森が監督となったソフトボールのチームなども当時は作って活動していた。この運動に関係した卒業生等（退学者も含む）がこの地域の近隣で住んだり働いたりするようになる動きは、その後も続いた。森だけでなく、森と一緒に同じ地域で運動をしている他の「障害」者の介護や支援等にかかわりながら、同じ大学の卒業生でこの近隣で住んだり働いたりするようになった人は、少なくとも個人的に知っている範囲では現在30人を超えている。

しかも、「在訪（在訪活動）」といって、森修やキさん以外の地域に住む「障害」者の家を訪問して、風呂介護等をすることを、大学を卒業してからも10年以上経っても毎月1回は続けている人も複数名いる（今回のインタビュー対象者にも取材当時のこととして話してくれた人が2名いる）。彼らは、前述のNPO法人クレヨン・リンクの発足以前からも、後述の「障害」者解放四條畷・大東市民会議や他の団体、地域での福祉イベントなど多数の運営に携わっている。それらの運動では共有されてきた語りの1つとして「『障害』者が地域で当たり前に生きる」ためにというものがある。これは、森がよく語っていたものであるが、彼らは、そのような語りを共有しながら生きているようにも思える。

一般的に、近代的な能力主義下における学校教育システムには、選抜機能があるとされ、この機能によって学校に通う子ども・若者は、競技場のようにイメージされる社会で、各自が就く職業等に応じて「トラック（走路）」に振り分けられていく。そのようなトラックは、彼らの学び、そして生き方を一定の方向へと誘導しているといえる。このように理解した場合、例えばこの大学の出身者は、近代的な学校的立身出世物語からすれば、競争で相対的に有利なトラックの上、あるいは〝レールの上〟の物語を紡いでいくポジションを維持しやすい環境にあった。また、彼らの多くが「障害」者問題については、大学以前に特別興味をもっていたわけでもなかった。

しかしながら、そういう彼らが後でみるように就学猶予、就学免除という名の下で小学校や中学校で教育を受けることができなかった森と出会うこととなり、自分たちの生き方を変えてきたように思える。森、あるいは彼の運動にかかわる人たちと出会うことがなければ、在籍していた大学からも離れていたこの地域やその周辺に住むことはまずなかったであろうし、大学卒業後には地元に戻ったり、別の街で生活したりすることとなり、いずれにせよ今とは違った人生を歩んでいたかも知れない。このことはX大学の学生に限らず、他大学の学生として学んだ後に、この地域や近隣に住むようになった人たちにもあてはまる。

「健全者」に有利なトラックで人生を歩み、学んでいた彼らが、そのトラックの有利さを作り出している近代的な学校教育的なヒエラルキーからすれば、真逆な位置に立たされていたともいえる森たちと出会い、学び、そして生き方を変え、地域で森とかかわり続ける道を選んできたようだ。その出会いを通じた学びとはどのようなものであったのだろうか。本書の基調となる問いはここにある。そして、この「学び」を理解するために、本書では、第1章で説明するような理論的潮流とかかわる用語法としての「語り《ナラティヴ》(narrative)」(物語)に着目する。本書でいう「語り」にかかわる多くの議論を展開している斎藤清二(2018)によれば、「物語」は次のように簡潔に定義される。

> 物語(ナラティブ:narrative)とは、「複数のできごとについての言語記述を結び合わせることによって意味づけること、あるいは意味づけられたもの」と、簡略に定義される(斎藤 2018: 82)。

ここでいう物語には、「意味づける」という語る行為の側面と、「意味づけられたもの」という語られた言説の側面を読み取ることができるだろう。本書においては、斎藤のこの「物語」の定義に依拠しつつも、その表記方法については、"narrative"の日本語訳としての「語り」を基本的には採用するが、頻出する用語のためルビは振らないでおく。また、「意味づけられたもの」として一定のプロット（筋書き）のあるストーリーを意味している場合には「語り」よりも「物語」と表記した方が日本語として理解しやすいと考えて、適宜、「物語」という表記も採用する。

そもそも、彼らに限らず、現代に生きる多くの人たちが、ライフストーリーというライフ（人生・生活）についての語りを生きているといえる。少なくとも近代以降、1人ひとりの個人にそのような社会的な働きかけが存在しているのだといえる（cf. Giddens 1991=2021: 356）。この場合のストーリーは後でみるアイデンティティズ同様に複数併存しながら生きられることもある。そのように語りを複数生きることを示す場合には、"narratives"と複数形で書く方がよいだろう。今回、「『障害』者が地域で当たり前に生きる」という彼らが共有し、生きてきた「語り」を検討していくことで、彼らのみならず、多くの私たちにとっての「学び」と「語り」、そして生きることとの関係を深く理解していくための手がかりをえることができればと考えている。

註

（1）本書でみるような活動については今日では、「介護」という言葉よりは、「介助」という言葉の方が一般的に使われているといえるが、2000年を過ぎた頃の当時であっても、このコミュニティでの活動についてはみな「介護」という言葉を使っていた。渡邉琢は、1970年代の障害者運動に由来する運動や団体では、現在においても『介護者』という言葉が自覚的に使われている」（渡邉 2011: 17）としている。本書で調査に協力した人々も、インタビュー調査時点で、みな「介護」という言葉を使用していたこともあり、不要な混乱を避けるため以下、基本的に「介護」という言葉を使用する。

（2）青い芝の会に独特の表現としての「健全者」という表現については、荒井裕樹（2020）を参照。

（3）注1参照。

語り《ナラティヴ》を生きる——ある「障害」者解放運動を通じた若者たちの学び——

目次

目次

第1章

“語りの獲得”という「学び」

1　なぜ、〝語りの獲得〟を検討するのか

本章では、若干理論的な話を書いていくので、今回、インタビュー調査に協力してくれた人たちの話にのみ興味がある方は、直接、第3章以降を読んでもらえればと思う。

そもそも「学び」そのものが「語り」によって構成されていると理解できる。(1) 人間にかかわる様々な現象の中で、ある現象を「学び」として他の現象から区別するのは「語り」によるものである。そのことは、「学び」の主体としての当事者からの理解であれ、それを研究として本書のように記述する側からの理解であれ、同様のことがいえる。その「語り」によって区別される「学び」と「学びでないもの」の境界線たるや、研究者とされる人たちのコミュニティ（Th. クーンのいう科学者コミュニティなど(2)）であれ、それ以外の社会におけるコミュニティであれ、特権的にコミュニティを超えて妥当するような線を引くことはできない。あるコミュニティでは「学び」として理解できるものが、別のコミュニティではそうでないことは十分ありうることである。

どのようにでも引けそうな「学び」と「学びでないもの」の境界線が考えられる中にあって、本書の研究内容から考えた場合、本書では〝語りの獲得〟として学びを検討していくが、その理由について、以下、この節で説明していく。その上で、次の節では、本書において語りと学びの関係のいかなる側面に着目して議論していくかということについて、説明してゆきたい。

本書でとりあげるような学校外での学びについて多くの研究蓄積がある生涯学習／社会教育の研究分野において

も、語り（ナラティヴ、物語）と、学び（あるいは学習や発達）にかかわる現象について理論的に検討したものはすでに多く存在している（赤尾 2004、添田 2008、荻野 2011、津田 2012、立田 2018、岩崎 2019 など）。そこでは、語りに着目することの理論的意義や、そこから示唆される様々な方面での実践的な意義について論じられている。多くの場合、そこでは語りというものが、人の経験に意味を与えるという点で学び（あるいは学習や発達）にかかわるということについては共通した理解であるといえる（赤尾 2004: 120、添田 2008: 48-49、荻野 2011: 150、立田 2018: 63-64、岩崎 2019: 192 など）。

語りが経験に意味を与えることについては、日々私たちが「言葉を与えられる」ことによって、経験を秩序立てて意味づけることによって構成そして再構成していくことを繰り返しながら、自らの生活に変化をもたらす学びがあると言い換えれば理解しやすいかも知れない。我々が、読書、音楽の歌詞、SNSによって与えられた言葉、自分自身で考えた言葉、そして他人からの助言等で得た言葉によって、それまでの経験の語り方や考え方、そして、それからの生き方が変わっていくことはいくらでもあるだろう。たとえ、周囲の他者からは変わっていないと思えたとしても、我々は、そういった言葉を与えられることによって、語りを生きているといえよう。

本書では、そのように言葉を得ることを〝語りの獲得〟として、「学び」のいわば中心として検討している。言い換えれば、元・学生介護者たちが自らの経験に意味を与えるような語りの獲得に着目するものである。そして、このような〝語りの獲得〟については、人生の初期から「複数の発話からなる一つのまとまった話題」（高橋ほか 1997: 228）を獲得することで経験を「体制化」（同：228）、あるいは組織化していくような〝ナラティヴの獲得〟として研究されているものと違いはない。それは、子どもをはじめコミュニティの新参者が、先行するコミュニティの「言語ゲーム（言語劇）[3]」（Wittgenstein[1953] 2009: 2020: 26）を生きていく過程でもある。

ただし、このように〝語りの獲得〟として学びを広義のものとして理解することは、これまでの生涯学習／社会教育の研究分野における、語り（ナラティヴ、物語）の議論が参照してきた、やまだようこ（2000）の議論とその力点が若干異なってくる面がある。やまだ（2000）は、〝語り〟というよりは、語りを自覚したり、再編したり、〝語り直し〟をしたりすることにみられる営みを指して、その教育としての側面に力点を置いている。すなわち、「自分自身がしらずしらず身につけてきた物語を自覚し、再編し、語り直していくプロセスが教育であり発達であり、治療であると考えることができます」としている（やまだ 2000: 31）。やまだ（2000）の場合には、教育や発達だけでなく、治療にもかかわる範囲で議論しているためか、語りに対して自覚的なプロセスやその再編、あるいは語り直しに力点が置かれていると思われる。

それに対して、本書では、3つの点で、やまだ（2000）とは異なる議論の仕方をしている。第一に「学び」に自覚的でない過程、本書でいう〝語りの獲得〟を「しらずしらず」行っていく過程そのものもふくめて「学び」として着目している。それは、子どもがしらずしらずに、（先行する言語ゲーム（言語劇）に参入し）周囲の人たちの語りを獲得したり共有したりしていくこととなんら変わるところがない。また、青年期以降であっても、例えば社会科学を学ぶことで、日常生活の個人的な問題を社会的あるいは政治的なものとして位置づけるという語りを獲得することも「学び」とみなすことができる。その際、子どもが周囲の人たちの語りを獲得する際に、方言をはじめ自らが生きていく言語ゲーム（言語劇）のローカルな特色について無自覚なのと同様に、青年期以降であっても周囲の社会科学的な語りを――それが、多様な語りの1つにすぎないという自覚がないという意味で――無自覚に取り入れていくこともあり得るため、必ずしも自覚的な契機が組み込まれているわけではない。そのことは、後で検討する中動態の議論と関連づけて考えて理解してもらえれば分かりやすくなるだろう。そして、そのような語りの多くは、他者との共有によって支えられることで存続しているといえる。ただし、この言語ゲーム（言語劇）たるや、どのくらいの程度で語りの内容の一致がみられたり、また、どのくらいの範囲等で人々によって共有されているのかということを特定するのは困難ではある。それにもかかわらず他者との共有はある種の信念の上で可能になっているといえる。

第二に、本書では、語りの再編あるいは〝語り直し〟だけでなくそれらも含めたより広い意味での〝語りの獲得〟

として、学びをとらえている。あとでみるように、本書において着目する学びにおいても今まで保持していた語りを別の語りで上書きしていくような〝語り直し〟という学びにも着目している。しかしながら、〝語り直し〟は、本書でいう〝語りの獲得〟という学びの１つのあり方にすぎない。〝語りの獲得〟という学びとしては、〝語り直し〟だけでなく、例えば、「障害」者とのかかわりがほとんどなく、今まで、自分の理解の範囲（いわゆる〝視野〟）や活動範囲に入っていなかったために、語りの対象になっていなかったことを、語るようになるという学びを考えることができるであろう。

第三に、そもそも複数の語りが相互に矛盾したまま獲得されることもありうる。とりわけ変化の激しい今日において我々が恒常的あるいは一貫した語りを持つということは一層難しく、相互に矛盾した複数の語りを同時に獲得したり、併存させたりしながら複数の語り（narratives）、そして複数の自己アイデンティティズ[4]を同時に生きているといえるのではないか。その際、とくに〝語り直し〟が生じたりすることがないことは、十分あり得るであろう。

その他、この〝語りの獲得〟という学びにかかわる議論として、本書でいう「語り」を「物語」として、「関係の物語としての発達」ととらえている津田英二（2012）の議論がある。津田は、従来からみられる発達というものが、個人に焦点を合わせ、量的な把握や、科学的な説明をしてきている客観主義的近代主義的な発達であるとして議論している。津田（2012）は、そういった発達の理解に対して、「関係の物語としての発達」という理解を対置し、「私の発達とは、私自身、あるいは私に近い他者が、私に起こった複数のできごとを結びつけることで説明される、私が現在の存在になるまでの過程である。あるいは、その延長線上で想像力を伴って説明される、未来の私がある何者かになっているであろう過程である」としている（津田 2012: 77）。

本書における〝語りの獲得〟という学びもまた、津田（2012）のこの議論と同様に物語（語り）における他者との「関係」が果たす重要性に着目している。確かに、〝語りの獲得〟という学びの結果として、津田（2012）のいう「発達」を見いだすことができる側面もあるだろう。ただ、先にふれたこととかかわるが、人が生涯にわたり獲得していく語りは、その人をとりまく様々な「関係」とのかかわりで、複数存在し、相互に矛盾することもあり得る。もちろん、それらの関係の語りを「発達」という枠組みから議論していく必要性は、津田（2012）のように既存の「発達観」などに揺さぶりをかける場合には、意義深いものである。

これに対して、本書で注目しているのは、森や関係するコミュニティとの出会いを通じて、1人ひとりの語りが変化し、その語りの組み合わせからなる自己アイデンティティ、そして、コミュニティそのものも変化していくことであって、言うまでもなく、そのコミュニティとのかかわりにおけるそれぞれの自己アイデンティティである。したがって、森とは異なる人たちとの関係に着目した語りを求めたライフストーリー研究としてインタビューすれば、異なる自己アイデンティティの語りがあっても何ら不思議ではない。先に述べたように、現代社会においては、人が複数の自己アイデンティティズを生きていると理解するならば、本書はとりわけその1つの自己アイデンティティを検討していくことになる。その際、敢えてそれを「発達」という枠組みでとらえていく必要がない問題設定となっている。

以上のように、本書でいう〝語りの獲得〟という学びは、やまだ（2000）の議論では力点が置かれていた「自覚」を必ずしも問わないという点や、津田（2012）の議論のような形で「発達」を理論的には扱わないという点で、シンプルな側面から検討したものになっている。そのようにして〝語りの獲得〟という側面に「学び」を見いだした場合には、生活のあらゆる局面において、際限なく「学び」を見いだすことができる。学校のようには制度化されていないインフォーマルな「学び」[5]において人がどのような自己アイデンティティあるいは自己アイデンティティズをつむぎ、生きていくのかを研究する場合には、このような〝語りの獲得〟は、その中核にあるといえるが、そのことはインフォーマルな「学び」以外の「学び」にも当てはまる。

そもそもこのような〝語りの獲得〟は、生活のあらゆる局面においてみることができ、自己アイデンティティズにかかわるインフォーマルな「学び」に限ったことではない。先にみたように〝経験の意味づけ〟は、語りによって可能となっているといえるが、その際、経験する対象、あるいは〝現実〟そのものも語りによって構成されているといえる（野口 2005 ほか）。そのように理解すれば、〝語りの獲得〟は、学校教育の中で制度化されたフォーマルな教育課程を通じて学ばれる様々な〝現実〟の構成や〝経験の意味づけ〟においても外せないものである。このことは、公民館などでみられる各種講座による組織的なノンフォーマルな「学び」においても当てはまるであろう。したがって、〝語りの獲得〟は、インフォーマルな「学び」、ノンフォーマルな「学び」、フォーマルな「学び」といった、一般的には3つに分類されるあらゆる「学び」の中核にあるということもできる。

その中でも、学校教育の中で制度化されたフォーマルな「学び」としての〝語りの獲得〟は、明確なカリキュラムのある教科教育や、一定の学問体系などでイメージされる内容についての「学び」としても位置づけられている。そして、そのように制度化された「学び」は、インフォーマルな「学び」よりも社会的に価値があるものとして扱われ、公的な支援の対象となりやすい傾向にある。ただし、そういった制度化された「学び」にかかわる語りは、「学び」という語りよりは、それに関連する語彙としての「教育」や「学習」といった語彙で語られることも多い。

そのような制度化された「教育」や「学習」に比して、本書で捉えようとしているインフォーマルな「学び」は、以下でみていくように調査協力者による「自己アイデンティティ」や「コミュニティ」の構築に密接に関するものであり、それらは個々人が語りを獲得したり共有したりすることによって構成、あるいは編集される余地が大きく、流動性が高いものであるといえる。とりわけ自分らしさといった自己アイデンティティや、その展開としての人生の流れというものは、ある時点での語りの組み合わせを維持することによって成り立つものである（cf. Giddens 1991=2021）。そして、いわゆる社会的な肩書きで分かりやすいものを取り除いた場合に、もともと常に多面性をもち、厳密には複数形の自己アイデンティティズと言うべき自己アイデンティティをめぐる語りたるや、さらに曖昧なところもあり、肩書きと比べれば他者との共有には困難さを伴うものであろう。

それに対して、学校教育とのかかわりでフォーマルな学びとして制度化された「教育」や「学習」に関する語りは、卒業学校（種）や資格などを念頭に置けば分かりやすいが、（インフォーマルな学びとしての、自己アイデンティティや人生についての語りに比べれば）明瞭なものとして共有しやすくなっている。それらの語りは、相対的に流動性が低く固定的であるといえる。その上、それらの「教育」や「学習」についての語りが制度化される際に重視される学校歴や卒業に伴う「資格」は、後期近代あるいは第2の近代等といわれる今日にあっても、従来ほどは強固ではないにせよ、フォーマルな学校教育システムの選抜機能において活用されている。例えば、制度化されたものとしての大学で教育を受けたという語りは、今日においても、ある種の知識・技能等を所有している証拠として採用時の条件として利用されやすい。

そのため、おおよその趨勢として見た場合には、「教育」や「学習」を制度化したシステムとしての学校教育は、その選抜機能によって、個々人の自己実現を促すツールとして依然として存立しやすくなっている。そのような状況下にあって、流動的で不安定な自己アイデンティティの構築や人生についての語りは、とりわけ職業的キャリアがかかわるような領域において、学校教育システムが作り出す自己実現のレール、あるいはトラックに依存しやすくならざるを得ない。

このようなトラックがある中で、先に述べたように、本書でみる元・学生介護者たちの多くは、「健全者」に有利なそのトラックから排除される傾向の強い人たちのコミュニティと出会うことによって、そのコミュニティの語彙で自己を語り直すようになり、それらを共有するようになった。それと同時に、それぞれが固有の人生という物語について語り、その語られた物語の固有性が自己アイデンティティとコミュニティを成り立たせるようになっていく。ある者は、当初、自分にとっては有利なトラックで予定していた職業とは別の職種を選び、またある者は職業の面ではそのトラックは維持しているが、森と関係するまでは自分とは縁もゆかりもなかった地域で森の住む近所で人生を歩むようになっていった。

そこには、自己を語るための新たな〞語りの獲得〟という「学び」、あるいは自己のあり方を大きく変える語り直しという学びがみいだせる。そして、そのような過程での自己アイデンティティの構築や人生の追求こそが――

固定的な終着点をもつものというよりは――佐伯胖（1995）がいうような「終わることのない自分探しの旅」としての「学び」として理解することができる。

以上が、本書において〝語りの獲得〟として学びを検討していく理由であるが、以下では、本書で〝語りの獲得〟について、とりわけどの側面に着目して理解していくかということについて説明し、そのように理解することの意義がどのようなものなのかという点を中心に確認しておきたい。

2　〝語りの獲得〟という学びの中動態的な側面

本書で検討する学びにとどまらず、そもそも、自己アイデンティティの構築あるいは人生の追求、そして佐伯（1995）のいうような「旅」としての「学び」たるや、個人の自由意志で切り開くものとしてのみ語られがちである。例えば、佐伯（1995）が「学習」と「学び」を対比的に説明する際に、前者の「学習」には「学習者本人の意図は関与しない」等としつつ、後者の「学び」の動詞的な表現としての「学ぶ」については次のように説明している。「やはり、『学ぶ』とは本人が主体的に自分から学ぼうという意志をもってなんらかの活動をするというのが自然な解釈と考えていいのではないか」（佐伯 1995: 3。傍点は引用者）。しかしながら、「学び」について、佐伯（1995）の議論のように「主体的」であることあるいは「意志」といったものを強調することは、その学びを個人としての主体のヒロイックな決断、あるいは國分功一郎（2021）の議論でいえば「主体の能動性」に還元する傾向を強めかねない面がある。

「主体」を強調する傾向については、佐伯の議論に限らず、学びあるいは「学習」をめぐる多くの議論において は前提となっているともいえる。そのような前提に関しては、すでに松岡廣路も「一部の実践家や研究者の支持する自己管理・自己決定学習（self-directed learning）や戦後日本社会教育で主流を占める自己教育論」が「学習」を「理想主義的なものに仕上げている」側面に若干みられる偏狭性を指摘している（松岡 2006：45）。すなわち、「政治的な権力者」あるいは「支配的な教育者」によらない「学習」に限定しようとすると、（それらに時には抵抗したりもするような）「主体的行為」の側面が強調されてしまうといえる（同）。この側面を強調する事は、多くの我々が「学び」として理解できそうな現象に見出すことのできる条件を捨象し、「学び」を狭いものとして理解させてしまうと言い換えることができよう。それに対して、松岡は「学び」を探求するための作業仮説として「主体的行為を含むものの、予期せぬ出会いや偶発的な出来事を含み、さらに小さな発見や感動も包み込むカオスである」という側面を指摘している（松岡 2006: 45）。

本書においては、松岡自身（2006）もまたこの作業仮説において「主体的行為を含むものの」としているように、学びにおける「主体的行為」としての側面を前提せずに議論する訳ではない。そもそも、人が一人称と二人称の対等な対話を通じて、相互に理解しようとする語りに入るならば、相互の「主体の能動性」を前提とせざるをえない。そして、書物やその他のメディアにおいても多くの人が、読者あるいは聴衆の「主体の能動性」を前提とした対話を目指しているといえるだろう。

ただし、そのような一人称と二人称の関係からではなく、観察者的な立場から三人称としての「学習」や「学び」について語ろうとするならば、これまで「理想主義的なものに仕上げ」られた側面といえる以外の「学習」あるいは「学び」が相対的に明らかになりやすい。「主体の能動性」を前提とし、自己アイデンティティの構築や人生の追求にかかわる「学び」の場合、自己の意志でそれらを切り拓いていく側面のみに重点を置いて検討してしまうならば、

「学び」を可能にする、意志以外の条件の重要性を軽視してしまう。そういった意志以外の条件の全てを知りうることはとうてい無理だとしても、いくつかの条件を特定することで、松岡がいうような「予期せぬ出会いや偶発的な出来事」と「学び」がどのように関係するのかということについての手がかりも見いだすことができるに違いない。

とりわけ「語り」にかかわる条件でいえば、松岡（2006）のいう「予期せぬ出会いや偶発的な出来事」が、そもそも「学び」として何かの語りの獲得につながるためには、「学び」の当事者にとってそれ以前の語りの獲得や共有がどのようなものであったかという条件に依存している。心理学などで言われるレディネスを挙げるまでもなく、例えば複数の人に現象として同一の出来事が生じた場合に、語りの獲得につながるかどうかは、人によって異なることは言うまでもない。そういった条件を検討することで、〝偶然の出来事〟が、ある人たちにとっては、なぜ〝意味ある偶然の学び〟、すなわち着目点を変えれば〝必然的な学び〟と見なされうるのかというプロセスを検討することができる。

第３章以降でみていくように、少なくとも本書でみる元・学生介護者たちは、ある着目点からは森修に会ったのは偶然ともいえるのだが、その出会いに意味を持たせるような、先行する語りの獲得やその共有があった。つまり、先行する語りの獲得やその共有の状況も含めて考えれば、必然的ともいえる側面があり、単なる偶然として語るだけでは不十分な理解となるだろう。とりわけ自己のあり方に関する語りの場合には、我々が語りを獲得して自己アイデンティティを構築していくにしても、自己についてそれまでに獲得した語りとは無関係ではありえず、また仲間がその語りを共有するかどうかといったことに大きく依存している。

そして、「学び」にかかわるこういった条件を考慮に入れるならば、語りの獲得という学びを佐伯のいう「主体的に自分から学ぼうという意志」という観点からであれ、松岡が批判的に取り上げる「主体的行為」という観点からであれ、そういった観点からの理解は過度な単純化をしたものになるだろう。具体的にいえば、元・学生介護者たちが、自分たちに有利なトラックよりも、そのトラックから排除された人たちのコミュニティとの語りの共有やそれに沿った生き方を、森やその仲間とともに取り組む解放運動のために、「理想主義的」に能動態的な表現で「選んだ」という側面だけで理解することになってしまう。

「学び」における「意志」や「主体」的な側面の意義を否定するわけではないが、そのように「選んだ」ことを可能にする条件、あるいは、選んだという語りに沿って生きることができる条件もそこにはあった。

ここでの「語りを生きる」という表現そのものは、能動態／受動態という素朴な二分法では、「見る」、（聞くというよりは狭い意味で）「聴く」といった表現と同じく、意志を前提とした能動的な表現のように思えるかも知れない。しかしながら、そもそも、多くの我々が「生きる」という行為について、たいていの場合には意志と思われるものが前提とされないことが多いのと同様に、語りに沿って生きるという意味での「語りを生きる」ということについても、自覚をともなわずましてや意志を必要としないことが多いし、そのような側面が強いとも言える。確かに、元・学生介護者が明確な意志あるいは目的を持って、語りを共有しない世界から共有する世界を選んだという側面に重点を置けば、〝その語りを自覚的に選んで、その語りに沿って生きた〟といった、より能動態による表現を強めた方が適切な説明となる。しかしながら、今回、調査協力者から得られた語りは――少なくとも全体としてみた場合には――どちらを選んでもよかったものを自分の意志で選ぶというような語りだけに単純化できるものではなかった（彼らに限らず、そもそも、我々の多くの人生の選択も、それが大きければ大きいほど複雑な事情が重なり、単純に1つの理由に基づく意志で選んだと語ることができるものではないだろう）。だからといって、〝見せられた〟〝聞かされた〟という、強制的な働きかけ、あるいは、意志が本人とは全く他のところにあるような、素朴な二分法のうちの受動態での表現で、そのように語らされたり生きさせられたりしたというものでもなかった。

「語りを生きる」ことや、その前提となる語りの獲得や語り直しとその共有について、本書で着目するのは、日本語の「見る」・「聴く」というよりは、「見える」・「聞こえる」といった語りに見られる中動態的な側面である。それは、我々が慣れ親しんでいる語りの、能動態的と受動態的の二項対立では理解できない側面である。中動態の議論については、國分（2017）らによって、近年、日本で広く知られるようになってきている。ここで「中動態」とは、「能動態」と「受動態」との間の中間的な態というわけではない。多くの論者[6]が「中動態」をめぐる議論において依拠しているÉ・バンヴェニストによれば、印欧語においては、今日自明視されているともいえる「能動態」と「受動態」の区別・対立に先だって、歴史的には、「能動態」と「中動態」といわれる2つの区別・対立があった（Benveniste 1966＝1983: 165）。

しばしば引用されるバンヴェニストの論文「動詞の能動態と中動態」（Benveniste 1966＝1983）では、両者の区別・対立は次のように説明されている。

> 能動態においては、動詞は、主語から発して主語の外で行われる過程を示す。これとの対立によって定義されるべき態であるところの中動態では、動詞は、主語がその過程の座（siège）であるような過程を示し、主語は、この過程の内部にあるのである（Benveniste 1966: 172＝1983: 169[7]）。

この説明に即した場合、能動態の一例としては、私が椅子を「作る」といった語りで考えてみることができる。私が椅子を「作る」場合、その行為は私の外で行われる過程を指している。これに対して、中動態の例としては、「見える」や「聞こえる」という日本語を考えれば分かりやすいだろう。日本語の「見える」や「聞こえる」といった動詞で、主体（主語）が、例えば「私」であった場合、通常、そこで語られているのは、私が強い意志をもって「見ようとした」「聞こうとした」ということではない。「見える」のも「聞こえる」のも私の中で起こるとともに、その見えている過程、そして聞こえている過程の座（siège）あるいは場所（lieu）が、私であることを意味している（cf. Benveniste 1966: 172＝1983: 170）。

そして、本書でいえば、彼らが「語りを生きる」ことや、その前提となる語りの獲得や語り直しとその共有についても同様のことがいえる。子どもの言語獲得がそうであるように、彼らは、自らが置かれていたコミュニティで共有される語りを獲得しながら、その語りに沿って生きていくことで、彼らは自分らしさの語りを維持し続けることができるものである。そして、そのことによって、語りが共有しているコミュニティも存続していくことができる。なお、多くの場合において〝獲得〟という日本語は、〝メダルの獲得〟といったように、〝努力を通じて得る〟といった主体的かつ能動的な意味で使われる。しかしながら以上からわかるように、ここでは中動態的な側面から着目した〝獲得〟という言葉の意味は、そのような意味とは異なっている。

さらに、あとで見ていくようにそのコミュニティの状況等に応じて、語り直しが試みられるようになり、それまで彼らが獲得したり共有したりする語りや、それらの語りに沿った生き方も変わることで、コミュニティそのものも少しずつ変化していくことになる。このような共有や獲得、そして語り直しにもとづいて語りを生きる過程には、なるほど意志が介在する場合もあれば必ずしもそうでない場合もあり、意志に重点を置く必要がない。先にみたように、やまだ（2000）においては自覚的なプロセスに力点が置かれて教育も捉えられてきたが、本書では自覚的なものに重点を置かない理由は、これらのコミュニティと学びの関係を捉えようとしているからでもある。

したがって、この共有される語りを獲得する「学び」は、学校教育システムの選抜機能を正当化しようとする際に見られる「学び」（あるいは学習）が、個々の児童生徒本人に意志があったかどうかといった能動態での学びの語りが重視されている点においても、両者は対照的なものであるといえる。この点での対照性に着目することで、主体の意志に重点が置かれた「学び」とは異なった、中動態的な過程としての「学び」を浮かび上がらせることができるであろう。

なお、誤解が生じるかも知れないので、念のため補足しておけば、以下、本書においては、中動態として語られる学びそのものが規範的に望ましい学びとして位置づけているわけではない。そして能動態での学びの語りそのものの意義を否定することもない。その語りの使われ方を問題にしている。また、学校教育における学びにおいても中動態的なものは常に見出すことができるし、学び一般を中動態として捉える議論も珍しくない[8]。例えば学校の授業中であろうと、それ以外の時間であろうと、意志をもって理解しようとする学び以外にも、何かの機会にはっと気づくといったような「分かる」といった経験が生じるところにも、中動態的な学びを見出すことは十分可能だからである。

ただ、選抜機能という側面から学校教育を見た場合には、「学び」は能動態での語りに依拠した個人の意志にその正当性が置かれやすくなる。選抜の際に本人が要求される「学び」をしたかどうかということは、本人の意志によるものでなければ、選抜の結果にともなう処遇の違いを容易には正当化できない。そのような語りによって構成された選抜システムは、「学び」についての中動態的な側面のほか、どのような家庭に生まれるかといった偶然としか語れなさそうな個人の置かれた様々な境遇を、自由意志に基づく自己実現の、（本人からすれば何らかの努力や才能の結果としての）必然的な語りの中へと回収し、分かりにくくさせてしまう。その結果として、狭く限定、あるいは固定化された「学び」は、（学校）教育による経済格差を安易に正当化する自己責任論に加担する語りになりかねない（広く指摘されている事柄であるが、例えば、M・サンデル（Sandel 2020＝2021）が、とりわけ「エリート」とされる人たちのそういった見方を批判的に議論している）。

しかも、そこで固定化された能力の語りには、個人の能力というものが、個人の私的所有物とみなされているという前提の問題性が竹内章郎らによってしばしば指摘されていて（竹内 2007、天畠 2022など）、こういった意味での能力主義は差別だと議論されている（立岩 2000など）。こうした能力の語りは、一部の「障害」者をはじめ支援を必要とする人たちにとっては不利な語りであるといえる。

以上の議論を通じて、学校教育における選抜機能の廃止といったことを提唱している訳ではなく、選抜機能に着目することで、そこで前提とされている「学び」の語り方の問題性を確認しておきたい。また、ここで前提とされている能動的な学びの語り方の問題性は、選抜に基づく社会的地位や財の分配に生じる不平等問題にかかわるだけではない。「学び」における能動的な主体の語りは、何らかの依存症や社会生活上の悪循環の渦中にある当事者がかかえる問題をも、本人が、能動的に学び、状況を克復しなかったからだという語りとして、自己責任論の助長にもつながりうる。

それは、「健全者」とされる人たちの特権性や、依存症やその他社会生活上の苦労とかかわりが少なかった人たちの特権性を考慮に入れない能力の語りであり、特権のない人たちの排除に加担しかねないものである。これに対して、「学び」の理解において、意志に力点を置いたり、1人ひとりの個人に与えられる点数や学校歴、能動的に学ぶ主体といった特定の能力の語り方に合わせて限定あるいは固定化されない「学び」の理解に着目することによって、社会的に不利な立場の人たち等の排除、そして社会的分断に加担しない方向の学びについても考えていくことができるであろう。

すなわち、今、多くの我々が日常的に依拠している学びの語りを再度見つめ直しながら、どのように「学び」を語り直し、それを共有してゆけば、より多くの私たちが生きやすくなることにつながるのか、ということを考えることには、一定の意義があるのではないか。本書では、その試みの1つとして、語りの獲得と、語り直しを中心とした「学び」、そしてそれらの語りを共有していく過程をそれらの中動態的な側面にも着目しながら検討している。このような説明で、様々な人たちの共生を考え、これまで「健全者」を中心に語られ、定義されたり制度化されたりしてきた「学び」そのものを語り直し、「学び」というものを、1人ひとりが生きやすくなるための語りを獲得していく過程として語り直し、そしてそれを共有していくことの意義については、読者に共有してもらえるだろうか。「学び」そのものをこのように語り直して、その意味をいわば日常生活そのものにおける問題解決のためのコミュニケーション過程そのものに近づけていくことは、「学び」にまつわる「健全者」の特権や格差の正当化を少しでも見つめ直していくことにつながればと考えている。

なお、本書では、便宜上、物理的な空間を指す場合には「地域」という言葉を使い、何らかの集団への帰属も含め特定の語りを共有（あるいは領有）する人たちのつながりまたは関係を指して「コミュニティ」という言葉を使うことにする。[9]

3 研究方法について

森修のライフストーリーやその運動を中心に検討した第2章については、根拠として使用した資料・文献等を適宜記載している。そして、第3章以下を主とするインタビュー調査は、森や森を中心とした運動仲間と出会うことによって、介護活動を継続しながら森の自宅の近隣に居住したり、仕事をしたりするようになった人が16名と、職場や自宅は森の自宅からそれほど近くはないものの、大学卒業後も森の介護活動に入り続けた人1名にお願いした。森や地域と彼らのかかわり方についての詳細については、第3章から第6章に個別に記している。また、17名中16名がX大学に在籍していた人たちであり、1名は他大学を卒業した人である。

なお、X大学の卒業等の後に、森とともに地域活動をともにしていないものの、森やその運動仲間との出会いを通じて獲得した語りを別の地域で生きている人たちが多数いることについては、個人的に知っているだけでなく、本書で参照した資料・文献[10]、そしてSNSを中心としたインターネット上でも確認できる。また、森を中心とした地域活動が関係することで、森の自宅の近所で自立生活などを営むようになった「障害」者（本書冒頭で言及したキさんなど）との出会いを通じて、この地域で仕事及び生活をしている人たちもいる。しかしながら、今回はまず、森とともに地域における活動を継続するまでに至った人たちであれば、語りの獲得という学びだけでなく、その語りを森やその関係者とともに地域で生きることについての話をより多く聞かせてもらえるであろうということもあり、取り上げる範囲を限定している。

インタビュー調査は2017年から2021年にかけて1人につき1回あるいは複数回実施した。今回実施したインタビュー調査の多くは地域のコミュニティ・センターの一室を借りて実施したが（Cさん、Dさん、Eさん、Fさん、Gさん、Hさん、Iさん、Jさん、Nさん、Oさん、Qさん）、一部の人たちについては職場の一室（Aさん、Bさん、Kさん、Mさん、Pさん）や、飲食店（Lさん）での実施となった。17名のうち11名は、インタビューをする以前から、本書冒頭に書いた地域活動等を通じて知り合っていた人たちであるが、5名（Oさん、Mさん、Lさん、Qさん、Kさん）は、一般社団法人フロンティア理事長（当時）のCさんの紹介により、また、1名（Iさん）は、Eさんの紹介により、インタビュー調査当日に初めて知り合うことになった。その際、研究目的やプライバシーへの配慮の説明とともに私自身が当該地域で活動していることについても話をしている。1回目のインタビュー調査は、90分から120分程度実施し、追加のインタビュー調査については60分から80分程度実施した。インタビュー調査では、各調査協力者の許可を得て、発言内容を録音した。録音したデータをもとに、文字に書き起こしたトランスクリプトを作成した。調査協力者の発言はこのトランスクリプトからの引用である。[11] また、インタビュー調査をもとにした対象者ごとの原稿については適宜どのような内容になるかということについて、パスワードをかけた添付ファイルでそれぞれに関連する箇所について、電子メール等で確認をお願いした。

また、第2章及びその他の章で、インタビュー調査の背景となる森の生活史や地域の歴史について検討していくが、先に述べたようにその際依拠している資料等については、その都度明記している。なお、プライバシーへの配慮から本書に登場する人物や団体名、地名などの固有名詞の多くは、森や「解放の家」、後に森が理事長や理事となり発足した団体（一般社団法人フロンティア、NPO法人あとからゆっくり、クレヨン・リンクなど）、四條畷市《しじょうなわてし》や大東市《だいとうし》を除き、基本的には仮名を使っている。調査協力者については、仮名として表1の順に割りあてたアルファベットで表記している。調査協力者ではないものの、調査協力者の発言や資料等に登場してくるその他の人々については、基本的にカタカナ1文字の仮名で表記している。また、元・学生介護者の出身地や大学の入学年度についても、明確な記述を避けるために、敢えて特定化できないように〝〜キロ以上離れた地方の出身〟としたり〝〜年頃に入学〟というように表記したりしている場合がある。その他、基調となる研究の問い（→vi頁参照）の趣旨から、特に明記する必要がない箇所では、他の章で登場する人物や、四條畷市や大東市をはじめ文脈上分かるような地名であっても、適宜、〝○〟を使った伏せ字や曖昧な表記を使用している。

各章は、1980年代までの元・学生介護者を中心とした語り（第3章）、1990年代の元・学生介護者を中心とした語り（第4章）、2000年頃〜2010年代の元・学生介護者を中心とした語り（第5章）に分けている。区切りとなる年代をまたいで在籍していた調査協力者については、おおよそ期間が長い方を考慮して分けている。まずは、1人ひとりがどのような人生のコンテクストで、個々具体的な語りを獲得し、その語りを生きていくのかという点を検討する。その上で第6章からは語りの獲得に、より着目しながら検討していく。

また、彼らの内面世界、すなわち彼ら1人ひとりが生きている語り・物語の内容を検討していくという性質上、三人称を使った叙述ではあるものの、第三者的な出来事として記述していくというよりは、語られたことそのものを、できるだけそれぞれ1つの物語として検討している。したがって、これらの章において叙述の方法として、相手の語りに筆者が大きく距離をとった意味での「Aさんは、〜だと言っている」という記述の仕方は、可能な限り避けている。あくまで、インタビューという対話的な相互行為の中で語られ、彼らが生きてきた「物語世界」（桜井 2002: 126）の部分に重点を置いて記述している。この「物語世界」に重点を置く点において、桜井らが唱える意味での「ライフストーリー」研究が、「語りが構築されていく相互行為過程」としての「ストーリー領域」も重視するのとは異なっている（桜井 2002: 176）。桜井に限らず、多くの論者が以前から指摘してきたように、インタビューそのものが相互行為であり、その物語の語られ方は、それが紡がれる時期や社会的状況、物語を語る相手＝聞き手に合わせて変わるような不安定かつ多様でありうるものであり、固定的なものにはなりえない（Holstein & Gubrium 1995=2004ほか）。

したがって、本書においても、少なくとも第3章から第5章においては「物語世界」に重点を置き、先に見た複数の自己アイデンティティズの物語のうち、少なくとも重要なものの1つであると思われるものを検討しているが、それは本書の問題関心からインタビューの時点から振り返った過去の物語であり、必ずしも固定的なものではない場合もある。ただ、特定の時点から意味づけられた研究であることは、意味を対象とした研究である限り避けることはできるものではない。そして、第6章においては1人ひとり異なる「物語世界」を前提にした上で、多様でありながらも、〝語りの獲得〟に着目した場合には、どのような学びであったといえるのかということを、明らかにするとともに、その意義について論じてゆきたい。

表1　調査協力者一覧

調査協力者	年代	職業	インタビュー実施日
A さん	40 代	福祉事業所職員	2017 年 6 月 4 日ほか
B さん	40 代	福祉事業所職員	2017 年 5 月 22 日
C さん	50 代	行政書士・福祉事業所職員	2017 年 9 月 21 日ほか
D さん	20 代	行政書士事務所職員	2017 年 8 月 15 日
E さん	30 代	福祉事業所職員	2017 年 5 月 8 日ほか
F さん	30 代	福祉事業所職員	2017 年 5 月 30 日ほか
G さん	40 代	音楽家	2017 年 5 月 26 日
H さん	30 代	近隣地域の教員	2017 年 12 月 27 日
I さん	20 代	近隣地域の教員	2017 年 12 月 9 日
J さん	20 代	近隣地域の教員	2017 年 12 月 2 日
K さん ※	40 代	教員	2018 年 1 月 21 日
L さん	40 代	近隣地域の教員	2017 年 12 月 6 日
M さん	50 代	近隣地域の教員	2017 年 12 月 3 日
N さん	30 代	市役所職員	2017 年 8 月 12 日
O さん	50 代	特別地方公共団体の清掃工場職員	2017 年 9 月 30 日
P さん	40 代	福祉事業所職員	2018 年 1 月 17 日
Q さん	50 代	市役所職員	2017 年 12 月 3 日

※なお，上記調査協力者の発言あるいは使用した資料にあった人たちについては，基本的には，本文中に，“アさん”等，カタカナ記号表記の仮名で引用等をしている．
※Kさんのみ自宅も職場も森の近隣とは言えないが，卒業後も介護活動に入り続けていた．
※A～Pさんは同じX大学に在籍していた．QさんはX大学在籍の友人からの紹介で介護活動に入るようになった（→ 104 頁）．
※年代および職業はインタビュー調査時点のもの．

コラム1

青い芝の会

青い芝の会については、すでに数多くの書物が出ているほか、インターネット上でも閲覧可能な研究論文や情報も溢れているため、ここでは、ごく簡単にだけ説明しておきたい。

最も広く知られているのは、次のような過激ともいえる、1970年に「青い芝」神奈川県連合会報『あゆみ』第11号(No.11)の巻頭に掲載された「行動綱領」であろう。[12] 当時、横浜市で、「障害」のある子どもを母親が殺害する事件が起き、母親の置かれた立場を考慮して減刑を嘆願する運動なども起きていた社会的趨勢に抗して書いたものである。当初は、同会報の編集長であった横田弘が「私案」の「スローガン」として、会報の巻頭に掲載したものである(同『あゆみ』編集後記)。なお、以下のCPとは脳性マヒ(cerebral palsy)を意味している。

一、われらは自らがCP者である事を自覚する《ママ》。
われらは、現代社会にあって「本来あってはならない存在」とされつつある自らの位置を認識し、そこに一切の運動の原点をおかなければならないと信じ、且、行動する。

一、われらは強烈な自己主張を行なう
われらがCP者である事を自覚したとき、そこに起るのは自らを守ろうとする意志である。われらは強烈な自己主張こそそれを成しうる唯一の路であると信じ、且、行動する。

一、われらは愛と正義を否定する
われらは愛と正義の持つエゴイズムを鋭く告発し、それを否定する事によって生じる人間凝視に伴う相互理解こそ真の福祉であると信じ、且、行動する。

一、われらは問題解決の路を選ばない
われらは安易に問題の解決を図ろうとすることがいかに危険な妥協への出発であるか、身をもって知ってきた。われらは、次々と問題提起を行なうことのみ我等の行いうる運動であると信じ、且、行動する。

当初、横田が「青い芝」神奈川県連合会に無断で掲載したものであったが、やがて同会で受け入れられるようになった（詳しい経緯は、荒井 2017: 109）。その後、1975年には、青い芝の会の全国組織としての「日本脳性マヒ者協会全国青い芝の会総会連合会」の第二回全国代表者大会で文言を修正されたものが「行動綱領」として正式に採択されるようになった。

「われらは愛と正義を否定する」に代表される過激とも言われる表現については、そのような表現を選んだ当事者の置かれた状況を今日から考えれば納得する人も多いかも知れない。そういった表現についての賛否を除いても、このような当事者による優生思想批判は、世界的に見ても先駆的な社会運動の1つであったと評価できるだろう。

本書とのかかわりで確認しておきたいのが、広く知られたこの行動綱領のきっかけが、母親による「障害」のある子どもの殺人事件や母親に対する減刑嘆願運動に対する抗議であったことである。ここからも分かるように、青い芝の会で広く知られている言説においては、家族、とりわけ親は肯定的に語られていないことが多かった。例えば横田弘は、「エゴを原点とした『親』によって私たち『障害者』はどれ程の抑圧、差別を受けているか。しかも、『愛』という名分の下にどれだけの『障害者』が抹殺されていることだろうか」としている（横田 [1979]2015: 119）。

もともと青い芝の会は、東京の「障害」当事者による親睦組織として１９５７年に結成されたが、のちに全国に支部が作られ、全国の連合制となっていく（荒井 2011: 48、荒井 2017: 74）。そのうちの１つが、茨城県石岡市のお寺で僧侶をしていた大仏空《おさらぎあきら》の率いる「マハラバ村」と呼ばれるコロニーで数年間生活していた横田弘、横塚晃一らによって１９６９年に作られた「日本脳性マヒ者協会青い芝の会　神奈川県連合会」であった（荒井 2017: 74）。

青い芝の会の活動として、広く知られている活動としては、この神奈川連合会のメンバーが深くかかわった川崎バス闘争（１９７６～１９７８年）である。車椅子によるバスへの乗車拒否に抗議して、繰り広げられた。中でも大規模に行われた抗議活動としては、１９７７年に全国青い芝の会連合からの呼びかけもあり、東北や関西からも車椅子を使った「障害」者が集まり、支援者も含めて約１００名による抗議活動で、30台近くのバスに乗り込み、バスは運転中止となった（廣野 2015）。

また、関西では、森も会長を務めた大阪青い芝の会が広く知られている。同会については、角岡伸彦『カニは横に歩く～自立障害者たちの半世紀』（角岡 2010）や、定藤邦子『関西障害者運動の現代史～大阪青い芝の会を中心に』（定藤 2011）などがある。また、金満里『生きることのはじまり』（金 1996）にも、和歌山県立身体障害者福祉センターに入所していた当事者の自殺をきっかけに、同センターを関西青い芝の会を中心とした有志が占拠した際に、その有志の１人として金自身が参加した時の思いが綴られている。

註

（1）なお、こういった「学び」についての「構成されていると理解できる」という説明も、「語り」の1つでしかない。もう少し厳密に記述すれば「『語り』によって構成されていると『語る』ことができる」といった表現になるため、非常に分かりにくくなってしまう。そこで、次元の区別を分かりやすくするために、敢えて「理解」という言葉を使っている。以下、「語り」を議論する際に「〜である」と記述している箇所についても、同じ理由から敢えて「〜と語ることができる」といった表現を避けている。

（2）Kuhn（1962=1971）の場合、いわゆるパラダイム転換に関して、科学者コミュニティ（科学者集団、scientific community）が支えるパラダイムの優劣は、関係者の同意以上に、何ら特権的な立場というものをおいていない（Kuhn 1962 = 1971: 106-107, 170-171）。

（3）Wittgenstein（[1953]2009=2020）は、広い意味での「言語ゲーム（Sprachspiel）」の説明としては「私はまた、言葉と、それと織り合わされている活動の総体も『言語ゲーム』と呼ぶだろう」（Wittgenstein 2009[1953]=2020: 26）としている。こういった意味での言語ゲームの場合には、同書の訳者の鬼界彰夫がその原語“Sprachspiel”の「“Spiel”という語の『劇』という意味が前面に出てくる」と指摘した上で「『言語ゲーム』あるいは『言語劇』と呼ぶことができる」（Wittgenstein 2009[1953]=2020［訳註］: 499）としたことに倣って「言語劇」と表記した方がよいと考え併記した。

（4）なお、本論では、自己についての複数の語りを生きるという意味で敢えて〝アイデンティティズ〟という表記も採用しているが、複数の個々具体的なアイデンティティズ、あるいは複数の自己の語りを受け容れる抽象的な1つの自己を措定するという文脈で議論する際には、アイデンティティと表記した方がふさわしいともいえる（cf. 林 1999）。自己のもつ複数のアイデンティティズをめぐる議論については、Collins & Bilge（2020 = 2021: 242）のほか、リービ英雄（1997）などを参照。また、自己の多元性あるいは複数の自己についての議論は、杉浦健（2017）ほか、平野啓一郎（2012）などを参照。

（5）前平泰志は、インフォーマルな「学習」については、計画化することが、不可能なものであるとしている（前平 1999: 237）。

（6）例えば、小野文・粂田文編（2022）などに収録されている論考の多くがバンヴェニストの「動詞の能動態と中動態」（Benveniste 1966 = 1983 に収録）に依拠している。

（7）本文の引用にあたって、訳書をもとにしつつも、訳文には変更を加えている。

（8）例えば汐見（2021）でも指摘されている。そもそも中動態という用語を使わなくとも、多くの教育学の論者が学びの「中動態」的といえるモデルに依拠してきたといえる。これらについては別途議論できればと考えている。
（9）戦後日本における社会教育にかかわる議論における、「コミュニティ」と「地域」あるいは「地域社会」という概念の使われ方については、上杉孝實（1993）の議論を参照。
（10）例えば、森修さんを偲ぶ会実行委員会（2017）などを参照。
（11）トランスクリプトからの引用中、［ ］は筆者による補足、＊は筆者の発言であることを示している。
（12）引用は、復刻版の「青い芝」神奈川県連合会（1989: 89）による。

第2章

森修の生涯と地域での活動

はじめに

私が、はじめて森修を見たのは、2003年頃で森が50代の中頃に入ろうとしていた頃であった。あとでみる「障害」者解放四條畷・大東市市民会議が、大阪府の四條畷市役所で団体交渉をやっていた夜、ベッド型のとても大きな車椅子を使って、2、3人の無言の若い介護者に囲まれながら「タバコ介護」をされているところであった。「タバコ介護」では、本人がタバコを持つことはなく、介護者がタバコを手に持って本人が煙を吸ったり出したりするのを支援している。第5章でも再びみていくが、私が森をはじめて見た数年後に大学に入学した元・学生介護者が、タバコ介護について、インタビューで次のように語っていた。

Eさん： 森さんの介護を、どう自分がとるか、タバコと言われたその一言に、どう反応して、自分がそのタバコ介護の座をとるかみたいな、よく分からない競争社会みたいのがあって。

私が森をはじめて見た時も、森も含めた何人かの集まりのうちの1人が車椅子を使っているというよりも、車椅子を使っている人が中心になっていて、その人を取り囲む支援者がいるという上下関係のようなものがよく分かるように思えた。右の語りは、その支援者の間にも上下を争う関係があったことに関するものである。私の方は、有名であったり、権威があったりする人と接するのが苦手なため、こちらから知り合いになろうとは思わず、挨拶もしなかった。彼には近寄りがたく、そのときは遠くから「見た」だけであった（実はその数ヶ月後も、森の家に、別の「障害」者の支援者として訪問したが、その時も一言も話をしなかった。実際に話をしたのはそれから数年後のことである）。

話を元に戻すと、その日の市役所との交渉の本番は、市役所の会議室のような部屋の中で、（例えは不適切かも知れないが）テレビの謝罪会見でいえば、前で記者に向かって座っている席には市役所の職員がいて、記者が座っている席には森や学生や地域住民が20人から30人程度がいながら、交渉していた。地域住民があれこれ市役所の職員と質疑応答等をしてから、最後の方になってから森が話し出した。私には聞き取り困難であったため話をしている内容がほとんど分からなかった。森は、決して声を荒げるのではなく、早口に思えるような口調でやや小さめの声で話をしていた。職員自身も、聞き取れないけれども、介護者に助けを求めようとするのではなく、「すみません、もう1回お願いします」というような意味の発言をしながら、一生懸命聞き直そうとしている。後で分かったことだが、聞き取れずに本人ではなく介護者から聞き取ろうとすると、運動体側からその場で抗議の声が上げられるようなリアクションが待っていたようである。

自らは、小学校に入学する機会が与えられず、学校教育のレールとはかなり異なる出会いや支援の中で学びながら、大学という最高学府で学ぶ学生たちの人生に大きな影響を与える存在となったこの人物は、日常会話、講演会、授業、著書やインタビュー記事等で、自分のライフストーリーを積極的に語ってきた。例えば、その生い立ちがまとめられた『わたしは、こう生きてきた——森修生活史』(森修生活史編集委員会 1990)は、学生介護者たちの勉強会においても使用されてきた。また、『ズバリ、「しょうがい」しゃ——わが人生に悔いはなし』(森 2000)は森がX大学で非常勤講師として講義をする際のテキストとして使用されることもあり、森のライフストーリーは単に口頭で語られるものとしてとどまることはなかった。それぞれの書物が、主題、副題ともにライフストーリー、あるいはライフヒストリーの訳語を彷彿させるものであった。「障害」のある人がこのようにライフストーリーという語りで、自分自身の生き方を示す、あるいは自分自身の生き方についての語り(物語)を通じて、「障害」者問題を語ること自体は珍しいことではない。本書にとってこのことが有意義なのは、これらの書物が、物語のフォーマットをとることで、一定の世代以降の学生介護者にとっては森の語り(物語)を共有したコミュニティを形成していくための一翼を担ってきたことにある。

本章では、森が残したこれらの書物やその他の資料と、本書のインタビューにおける調査協力者の語りを元にして、多くの元・学生介護者が多かれ少なかれ森のライフストーリーとして共有している語りを「生活史」として再構成していく。その際、比較的近年の歴史及び歴史社会学的な研究にも依拠し（定藤 2011、山下 2008 など）、森の生活史についての語りの背景を補足していくが、本章そのものは、学生介護者たちが、森と語りを共有する中で構成していく内面的世界のよりどころとなる語りのリソース（物語資源）の概要に重点を置いたものである。

1　森修の生活史

(1)　森の誕生と家族

四條畷市に住む森家の次男として、修が生まれたのは1949年4月のことであった。父は消防士で、母は看護婦（当時名称）であった。父、母、兄、修の4人のほか、森が10歳頃までは、森の父の伯母夫婦と同居していた。本人の自伝（森 1999）によれば、生まれた当時、修には「障害」はなく、「黄疸・引きつけ・高熱を発してその症状が続き、『障害』を持つことになってしまいました」と記されている（森 1999: 82）。なかなか首も据わらず、抱いていないと寝ることもないため、布団の上では寝ることがないような状態が続いていた。森の母は不安になり、「あっちこっちの医者へ連れて歩きました」と言うくらいに体調が悪く病院に通う日々が続いた（森修生活史編集委員会 1990: 5）。

その当時はいわゆる〝戦後〟間もないという社会情勢もあってか、4歳になりはじめて「脳性マヒ」という「障害」名が分かったという（森 2000: 17）。森に「障害」があると分かった後は、近所、地域、親戚が、森や家族に対して急に「冷たく」なったという。幼い本人に対してはどのような対応があったのかは、分からない。ただ、母は、親戚、そして森の父親からも「母親の血が悪いからこういう子が産まれたのだ」等と、「血筋」とのかかわりで責められたという（森 1999: 82）。

そして、そのように心理的に追い詰められていた森の母も、森が5、6歳の頃には、親子心中をしようと近所の踏切で森を連れて立ち止まっていた（森 2000: 18）。そのことを森は忘れられないという（森・牧口 2012: 26）。当時この路線には、電車の本数も40分に1本しかなかったため、電車を待つ間に母は思いとどまったらしい。

当時の多くの「障害」者の家族が、「障害」児を家に閉じ込めることが珍しくなかったのに対して、森の母親は、この踏切の一件以来、「どこへでも連れて行ってあげる」といって、森をデパート、動物園等、積極的に外に連れ出すようになる（森・牧口 2012: 26）。子どもの身体が大きくなったらなかなか連れて行くことも難しいため、「障害」者の外出が珍しい当時にあって、周囲の排他的、排除的ともいえる視線を横目にしながらも、幼いうちに連れ出していたようである。１９５０年代当時の「『障害』者差別という考え方すら生まれていなかった状況において、お母さんのとってきた行動は、まさに『障害』者差別との対決ではなかったか」（森修生活史編集委員会 1990: 7）とも書かれている。とりわけ同居していた「おじいさん」と呼ばれていた森の父からみて義理の伯父が、森を乳母車に乗せて近くに連れ出してくれていた。この「おじいさん」は、事故で片足を切断し、義足をしていたが、連れ出してくれたことで、森はどこにいっても物怖じしない社会性を身につけることにつながったとされている（森修生活史編集委員会 1990: 20）。

後の議論との関係で、確認しておく必要があるのは、森のライフストーリーにかかわる語りでは、障害当事者と家族や親の関係について全般的には肯定的な語り方がなされている点である[1]。広く知られる「青い芝の会」とのかかわりでは、親の「愛」を否定的に意味づけた言説が印象に残っている読者も多いかも知れない。例えば、横田（[1979]=2015）らが念頭においているのは、本人の意志を無視して、親が子どもを殺害したり、心中を図ったりする家族の不条理である。青い芝の有名な行動綱領（↓21～22頁参照）の１つ「われらは愛と正義を否定する」という項目について、横田（[1979]2015）は次のように書いている。

> エゴを原点とした「親」によって私たち「障害者」はどれ程の抑圧、差別を受けているか。しかも「愛」という名分の下にどれだけの「障害者」が抹殺されていることだろうか（横田 [1979]2015: 119）。

これに対して、森の親をめぐる語りでは先にみたように「お母さんのとってきた行動は、まさに『障害』者差別との対決」とされていたり、地域で親とともに生活していく「障害」者のあり方を考える際には、親和性の高い語りのリソースであったりしたといえる。後でみていくように、それは、学生介護者と森が関係を深めていく際にも積極的に使われていく語りのリソースでもあった。

なお、この「おじいさん」とは森が10歳以降別のところに住むようになった。そして、母やこの「おじいさん」の働きかけもあったこともあり、森には幼い頃から地域で友達もおり、その中には何人かの「障害」のある友達もいた。

(2)「障害」への自覚と、就学猶予・免除

幼い森が、自分の「障害」について気付いたのも、このような友達との交流がきっかけであった。これに関しては、森の語りとして、次のようなことが書かれている。

> 障害に気付いたのは、六歳の時だった。その障害の「みじめさ」に気付いたのは七歳の時で、近所の友人二、三人と色紙で遊んでいたら、友達は、色紙を折っているのに、自分では折ることができなかった。その時、友達が、ぼくの手につばをつけて、色紙を、貼っつけよう（握らせよう!?《ママ》）とした。「障害」者であることの「みじめさ」を、この時初めて自覚した（森修生活史編集委員会 1990: 12）。

1956年、同世代の大半の「重度」の「障害」者がそうであったように、森もまた「就学猶予」という形で、事

実上は就学を拒否された。当時も現在と同様に法律上は、保護者は子どもに普通教育を受けさせる義務があるが、「障害」等により子どもが学校に通うことが困難であると判断される場合には、その義務が猶予されたり、免除されたりすることがあった。ただ、実際には、「猶予」あるいは「免除」という名目で、就学の拒否が行われている例は少なくなかった。

森の場合、四條畷町（当時）の教育委員会から連絡があり、就学が可能かどうかの検査を受けることになった。知的な面では就学できると判断されたが、身体については1日中介護が必要な状態であったため、「就学猶予」となった（森修生活史編集委員会 1990: 10）。翌年も同様に検査に呼び出されて、「就学猶予」となるが、3年目はついに「就学免除」を言い渡された。

最初の就学猶予を言い渡された年には、森の母は、自宅で、1日5、6時間、「字の書かれた積み木や小さな黒板」を使って国語や算数を教えることにした。後に「お母さんの勉強特訓」と回顧するくらいに厳しく教えてもらったのだが、幼い森自身もまた熱心に勉強した（森修生活史編集委員会 1990: 10）。ただ、2度目の「就学猶予」を言い渡された翌年には、医師からは森の身体の硬直が激しくなっているという理由で、勉強の特訓についても中止するように言われ、止めなければならなくなった。勉強が、肉体的・精神的な緊張を長時間伴うことが、硬直の理由だと考えられていたようである（森修生活史編集委員会 1990: 10-12）。

また、その頃、近所に住んでいた同じ年齢の女の子のケさんと「学校ごっこ」（あるいは「勉強ごっこ」）もしていた。これは、このケさんが小学校で学んだことを、黒板なども使って森に教えるというものであった。ケさんとの「学校ごっこ」は、小学校の5年生くらいまでは続いたようである（森修生活史編集委員会 1990: 15-16）。そもそも、ケさんとは、2人が4歳の頃からの友達で、この子の兄と森の兄もまた同じ年であったため、森の家にはよく来ていた。

その他、森は「テレビニュースの字幕など」を通じて漢字を学んでいた。森の家には、テレビの他、音響機器、絵本、おもちゃ、お菓子ほか楽しいものや新しいものが買いそろえられていた（森修生活史編集委員会 1990: 13-14）。そういったこともあり、ケさんが、森の家によく遊びにいったという側面もあったようである。幼い頃のケさんは、森の家で遊んだり食事をしたり、そして一緒にテレビを見たりしていた。1950年代当時、テレビを持っている家庭はまだ少なく、森の家がテレビを購入したのも、近所でも2、3番目であった。そして、当時有名なプロレスラーの力道山《りきどうざん》の試合を見るために近所の人たちが集まったりしていたが、年末のNHK紅白歌合戦になると、80人もの人が集まったという（森・牧口 2012: 27）。こういった語りからも、森の家が相対的に裕福であったといえよう。

そして、近所の子どもと一緒にテレビを見たり、近所の人との交流の中からも文字を学んでいったりしたことも推測することもできるかも知れない。森の地域への思いからか、彼に関する資料には地域のことが多く書かれている。例えば、「『あの頃は、地域で生きてるって気がしたなあ』と、森さんは回想する」と（森修生活史編集委員会 1990: 13）。本書でこれから検討していく元・介護者の話によれば、森は地域の人々から「オサムチャン」と呼ばれて親しまれていた。

森が地域で他の「障害」のある子どもとどのように付き合っていたかに関するエピソードもいくつか記録されている。1つには、隣の市ではあるが、アさんという筋ジストロフィーのある少年との付き合いが、1960年代中頃、森が14歳の頃から18歳の頃まであった。母親がお互いの家に交互に預け合うという形で、約4年間、週に1日は一緒に遊んでいたとされている（森 1999: 85）。アさんは、森よりも年齢が1つ下で小学校1年生まで学校に行った。アさんの父は、労働運動に携わっていて、家の中には社会科学や社会問題に関する本がずらっと並んでいたらしい。そのような環境で育ったアさんは、物知りで、読書家でもあり、マルクスやレーニンという名前が出されたり、森はいろいろ教えてもらったり本を貸してもらったりしていた。アさんは『ノンフィクション全集』も持っていたようである（おそらく『世界ノンフィクション全集』（筑摩書房）を指すと思われる）。そして、宇宙の話から、キューバ危機（1962年）など世界の政治の話まで様々なことを話していた。

しかしながら、付き合い始めてから4年目の1967年にアさんの進行性筋ジストロフィーの「障害」の症状が重くなり、アさんは帰らぬ人となった。森が18歳で、アさんが17歳の時である。最期にアさんは森に「俺はもう死ぬけど、森くんは体だけはじょうぶやから、『障害』者が生きていけるような世の中にしていったらどうや」と言ったそうである。そして、そのアさんについては、「やっぱり一番影響大きかった。あいつがいてへんかったらこんな運動やってなかった」としている（森修生活史編集委員会 1990: 25-26）。本書の言い回しで説明すれば、森がアさんの語りを受け継ぎながら共有していることを、語ろうとしていることを示唆している。

森は、17歳から22歳頃まで詩も書いていたが、アさんについて次のような詩を残している（森修生活史編集委員会 1990: 26）。

星空の友

友を亡くして一人行く
夜空を見上げて一人行く
にじんだ星の彼方から
やさしいあいつの声がする
二人で歌ったあの歌も
今日は一人でなみだ
こらえて奏でよう

作詩は、森が思いついたときに、母に頼んでノートに口述筆記する形で行われ、記録によれば3冊の大学ノートに１２０編の詩が残されている（森修生活史編集委員会 1990: 26）。なお、アさんが生前に文通等で友達を作るようにという勧めもあり、森は、彼の死後、ラジオの音楽番組へのリクエストがきっかけで、１人の女性と文通を開始した。母をはじめ周囲の人たちによる代筆による文通と思われるが、その女性の紹介で別の3人とも文通するようになった。中には文通が何十年も続いた人も1名いた。その人は、東海地方に住んでいて少し年上で、筋ジストロフィーを持っていた（森 2000: 38）。

1960年代の後半から森は、脳性マヒのある人たちとの親睦会等に参加するようになる。17歳の時には、森が3歳の頃から母親同士も知り合いであったイさんに誘われてサークルの「山びこ会」に入ることになった（森 2000: 38）。ただ、ここでは脳性マヒの「障害」のある人たちの中でも、「軽度」とされる人たち中心に活動が行われていると森は考えた。このサークルの中では森が一番「重度」の「障害」があったようで、森は、他の人たちとの「違い」を自覚したり、時にはその「身勝手さ」を感じたりしたことがあった（森修生活史編集委員会 1990: 31）。そのために、森はこの活動からは遠のくようになる。

「山びこ会」に不満を持っていたのは、森だけでなく、このイさんも持っていたようである。そこで、イさんと森、そして両者の母も支援する形で、1968年に「木の芽の会」を発足した。会の名前には、小さな木の芽が成長していくようにこの会も成長してほしいという願いが込められている。重度「障害」者が1ヶ月に1度集まって飲食をするが、活動内容は「山びこ会」とは変わることがなく、2年ほどで活動がなくなった（森 2000: 40）。

そして、1970年、森が21歳の頃には、少し遠方に住む「障害」者のトさんと2人で「QHクラブ」を発足した。QHの〝Q〟は、“Question”で、〝H〟は、“Help”、“Health”、“Heart”の略である。それは「人間にとって、助け合いや健康や真心とは何なのか問いかけていこうという趣旨」であり、このことからも示唆されていることであるが、前述の「山びこ会」や「木の芽の会」とは異なり、社会運動的な要素がみられるものであった。

記録によれば、当時をふり返って森は、次のように語っていると言う。

「山びこ会に入ったんは、自分の意志というよりも、今から考えてみたら、親の意向がだいぶあったんやと思う。昔から、おふくろは、『外に出してやろう』とか『友達作ってやろう』とか考えていた。その延長線上にあったんやと思う。あんまり自分の意志では動いていなかった。イさんの作った木の芽の会でもちょっと違うけど、まだ安易な『どうにか生きていけるやろう』という気があった。ＱＨクラブを作った動機は、やっぱり親や兄弟に頼って生きていかれへんと、ぼんやり思い始めたからやと思う」（森修生活史編集委員会 1990: 33。他の箇所同様、本文中の実名は変更している）。

ＱＨクラブでは、会費も集めて活動を行おうとしたが、会員が少なく財政的には苦しかった。そこで、この頃かかかわりを持つようになった、高橋栄一（初代大阪青い芝の会の会長）のアドバイスで、資金集め目的のバザーを実施した。実際のところ、収益はあまり上がらなかったそうであるが、これははじめて自分たちで作り上げた企画であった。ただ、このクラブも人間関係が原因によって1年程度で消滅した。

そして、この頃から、大阪青い芝の会の高橋のほか、後に、雑誌『そよ風のように街に出よう』ほか「障害」者支援にかかわる出版物を発行したりしたことでも知られている「りぼん社」（障害者問題資料センターりぼん社）として結成されるメンバーとのかかわりも徐々に持つようになってきた。

(3)　ある勤労「障害」者との出会い

森が大きな影響を受けたと語っていたアさんに継いで、２人目の親友となったのは、同世代で年上のウさんという「軽度」の脳性マヒの「障害」がある男性であった。ウさんとは、前述の「山びこ会」で一緒であったが、その会の中ではあまり話はしたことがなかった。そんなウさんから、20歳も過ぎた１９７０年の頃、ＱＨクラブに入る前に、電話がかかってきて、森の家で会いたいということであった。ウさんには、いわゆる重い言語「障害」があったため、「山びこ会」で重度の「障害」のために取り残されていた森同様に、会には不満があったようである。このため、「山びこ会」に関する愚痴で打ち解けて、２人は仲良くなっていった。

ウさんは、知り合った当初、両親と住んでいた。重い鉄板を運ぶなどの過酷な肉体労働で、しかもかなり低い賃金で働いていた（１９７０年当時で、月給９千円であった）。休める日が月に１日しかなかったらしいが、その１日をウさんは森の家で過ごした。山びこ会に限らず、森にとっては軽度の「障害」者が自分を裏切ったと感じることが多く、そういった「障害」者と親しくなることはなかった。しかしながら、ウさんに対しては、「こいつだけは離したらあかんと思った。今までは、自分をさらけ出して付き合うことはできひんかったけど、ウさんには、さらけ出すことができた」と回想している（森修生活史編集委員会 1990: 40）。

そのウさんは、森より先に、大阪青い芝の会に先だって結成されていた「自立障害者集団グループ・リボン（以下、グループ・リボン）」[2]にも入っていた。森もウさんが「できるかぎりのことをするから、『グループ・リボン』に入ってみないか」と誘われて入ることになる（森修生活史編集委員会 1990: 41）。また、ウさんは、「グループ・リボン」へ参加するようになってから、親の反対を押し切って、アパートで1人暮らしを始めた。

「軽度」とされる「障害」であっても、当時はその自立生活には様々な困難もあり、非常に珍しく、アパートで1人暮らしを始めた際にウさんは、「かりに自分が自立できなくても、あるいは自分が死んでも、社会に対する影響というか、なにか波紋を呼ぶのではないか。だからあえてこの生活がしたいんだ」と言っていたという（森 2000: 45）。またウさんは、森にしばしば「お前もぼくのような生きざまを見て、ぼくにつづいてくれ」ということを何度も繰り返して言っていた（森 2000: 44）。

そして、それから数ヶ月後のある日、それまでは森の家に訪問に来ていたウさんが、約束の日になっても来なくなった。過酷な労働環境が原因だったのか、アパートの自室で死亡してから3日後に両親に発見されることになる。1973年2月のはじめの頃の話で、部屋にはインスタントラーメンの空袋やビールの空き缶が散乱し、毛布1枚にくるまって死亡していたらしい。森によればウさんは当時25歳だったという（森 2000: 46）。

ウさんの死について、後日談となるが森は、1990年に公刊された文献では、「彼の労働条件なんかには疑問を持っとったけど、今みたいな、差別という視点から考えられへんかった」と語っている（森修生活史編集委員会 1990: 40）。

森は、このウさんは、アさん同様に、「その後のぼくの人生を大きく変える」ことになったと語っているが（森 2000: 46-47）、それは、彼らの語りを共有し、自分の人生・生活《ライフ》を政治的な文脈で紡いでいく語りのことであると言い換えてもいいだろう。

⑷　大阪青い芝の会への入会

森はウさんが亡くなった1973年頃にはすでにグループ・リボンの人たちとかかわりを持つようになっていた。そして、ウさんの死後、グループ・リボンの人たちを通じて、「障害者と健全者の大交流キャンプ」に誘われた。これは、大阪青い芝の会が、なかなか外出の経験のない、「障害」者同士の交流等を目的として行ったものであった。だが、森の母親は、参加に反対した。森はこの年齢の頃まで、外に出るのは基本的には母親が一緒であった上に、ちょうど森の父も入院中で、看病につきっきりであったため母親も賛成はできなかった。母親の語りとしては「他人に預けるというのは全く初めての経験で、体も弱かったし、心配もありました」と記されている（森修生活史編集委員会 1990: 41）。そのような状況の中、もともと近所に住んでいて、森の父の入院中、実家で森の兄とともに過ごしていた森の兄の妻・義理の姉だけが、参加を応援した。

キャンプ参加への説得のために訪問してきたのは、「障害」当事者の組織である「グループ・リボン」や、「健全者」の介護集団である「友人組織」の「グループ・ゴリラ」の人たちであった。森の義理の姉は、彼らが森の家に訪問してきた際に応対していたため、それらの人たちのことも信頼できると判断していたらしい。森自身も参加を強く希望していることを知っていた姉は、病院にいる森の母を電話で説得した。そして、母は同意し、森ははじめてキャンプに参加することになった。

このキャンプで森は、初対面の「障害」者と「健全者」がペアとなって介護がなされていたことに驚いた。そして、いろんな人と徹夜で話ができた。この人たちとの関係に希望を持つことができ、このことも大阪青い芝の会に入会していくことにもつながった。ただし、入会のきっかけはこれだけではない。

森は、大阪青い芝の会が発足した１９７３年から同会に入会しているが、発足時のメンバーではなかった（森修生活史編集委員会 1990: 55）。森が同会に入る前の段階で、同年4月29日に大阪青い芝の会が発足した当時、会員は11人しかいなかった。先に少し触れた初代大阪青い芝の会・会長高橋が全体指揮をとる形で、グループ・ゴリラを中心に、在宅の「障害」者を訪問する活動が繰り広げられた。最初に森の家を訪問してきたのは、会長の高橋と、『障害者市民ものがたり』など様々な著作や活動で知られる河野秀忠である。ちょうど森は病気をしていて会えず、それから２ヶ月後に改めて会うことになった。ただ、その２ヶ月後に会った時も具体的に話が進むというわけではなかった。

森を大阪青い芝の会での活動に参加することに深く動機づけたのは、当時、四條畷からは少し距離があった豊中に住んでいたコさんによる森への在訪である（森・牧口 2012: 27）。コさんのいわゆる言語「障害」は強くて、初対面の人とはなかなかコミュニケーションが困難であった。森によれば5時間かかって聞き取れたのは、「おまえ、このまま死んでエ《マ》エンカ《マ》」ということだったらしい。それまで、「障害」者のことや社会について熱く語り、ＱＨクラブなどを作ってきた自分が、目の前の仲間の言葉すら分からなかったことにショックを受けたようである。時間をかけて言葉１つ分からなかったことが、「オレ、これまで障害者のことも社会のことも、えらそうに言って、ＱＨクラブなんか、作ったりしてたけど、自分の仲間の言葉一つ分からへんかったんかと思うと、情けなくなった。なんか、体じゅうが、熱くなってきてなあ……」（森修生活史編集委員会 1990: 56）と語ったとされているところ等からも、他の「障害」者の支援のことを語りのリソースとして引き受けていくように位置づけている。

また、同じ頃、大阪市内に勤務しながら土日に在訪活動をしていたエさんからも熱心な訪問を受け、大阪青い芝の会の会議、学習会、カンパ集金活動などにも参加するようになってきた（森 2002: 115、森修生活史編集委員会 1990: 56）。もともと森は車椅子を使っていたわけではなく、大きな乳母車などを使っていた（森 2000: 52）。大阪青い芝の会の活動に参加するまで公的機関に申請すれば、車椅子が支給されるということを知らなかった。そこで申請をしたが支給までは、しばらく待たなければならず、車椅子がないまま自動車で送迎が行われた。自宅から自動車の待つ１００メートル先の場所まで、敷き布団で抱え上げられながら、移動したという。

この学習会を通じて森は積極的に学んでいくことになる。当時の状況を次のように語っている。

> そのなかで、僕がショックを受けたのは、運動用語とか、あるいは自立「障害」者が主催して学習会をしたけど、全然学習会の内容がわからへんねんね。教育も受けてへんし、全然わからへん。それで、僕はとにかく何とかわからなあかんと思って、聞いて聞い《マ》て聞いて聞いて聞き《マ》まくって、何とかその学習会を理解している状況でした（森 2002: 115-116）。

また、カンパを集めるにも座ることができず、大阪・梅田の地下街では、地面に布団を敷いて、その上で寝てカンパを呼びかけていたこともある。ある時、男性が近づいてきて、いきなり森の胸を思いきり蹴った上で、「この役立たずが、死んでしまえ」と言いつつ唾を顔にかけたこともあった（森 1999: 87）。

この出来事に対して、森は「逆に、そんなおっちゃんの差別的な行動をバネにして、身体を張ってこうした活動をしてきたわけです」と語っている。大阪青い芝の会とのかかわりの中で、外に出かけるようになり、障害者が住みにくい社会の実態や、上のような体験も「『障害者』があってはならない存在として扱われていることを強く実感」（森 1999: 87）するようになった。言い換えれば、日常の不合理な体験が、「差別」という文脈で語られることで、「経験」として秩序立てられるようになってきたといえよう。

(5)　大阪青い芝の会での活動

先に述べたように、大阪青い芝の会は、1973年4月29日に発足した。名前が「大阪」とつくが、会員の居住地や活動範囲は大阪市や大阪府にもとどまるものではない。「関西全体を含んでの大阪という意味」で語られる場合もある（森修生活史編集委員会 1990: 55）。こちらもすでにみたように、1973年に大阪青い芝の会が発足した後ではあるが、同年のうちに森は、入会した。森は、すぐに同会・東部地区の代表となり、1976年には大阪青い芝の会会長になっている（1986年からは名誉会長）。さらに翌年1977年には関西青い芝の会連合会（以下、関西青い芝の会）の副会長にもなった。

森が会長になった1976年に、大阪青い芝の会が取り組んでいた運動の1つに「車イスの教師を創る運動」がある。大学在学中の交通事故による脊髄損傷のため車椅子を使用していた中東頼子《なかひがしよりこ》が、大阪市の小学校教員採用試験には合格したが、採用には至らなかった。大阪青い芝の会は、他団体とともに「車イスの教師を創る会」を結成し、採用するように交渉した。大阪市教育委員会があった市庁舎に、同年12月に5日間寝泊まりしながら交渉したが、結局、機動隊が出動し闘争も終結し、要求は認められなかった（定藤 2011: 169-170）。翌1977年の交渉の日には、森の父が亡くなったが、森は交渉に出ており父の死に目に会えなかった（森 2001: 325）。

1980年代の大阪青い芝の会で、森自身が精力的にかかわったのは、同会の80年代の活動の二本柱ともいわれる、大阪府立母子保健総合医療センター建設阻止闘争（以下、母子健康保健センター闘争）と、障害者生活要求一斉調査活動（生調）であった。母子健康保健センター闘争は、建設予定の同センターの目的や事業計画として掲げられている、新生児の「障害」の発生を未然に防止するといった文言等が、「障害者完全抹殺」あるいは、優生思想の強化等とみなされたことによる。森が保管していた朝日新聞の切り抜き記事（1979年6月13日朝刊）には、妊産婦に対する様々な検査を実施し、「現代医学の水準で治療がむずかしい障害児出産の恐れがあれば、最終的に人工妊娠中絶などを助言するという」と記載されていた。(3) 建設に反対する署名運動、集会、交渉や、ハンガーストライキを実施した。1981年のハンガーストライキでは、森は、胃潰瘍にもなって血を吐きながら参加したという（森・牧口 2012: 28、森 2001: 326）。

障害者生活要求一斉調査活動は、1980年の厚生省（当時）の身体障害者実態調査に対して、「障害」者自身が「自分たちの手で障害者の実態を明らかにしよう」という趣旨で大阪青い芝の会が、実行委員会を作って実施した調査である（定藤 2011: 275）。生活に関する様々な項目（労働、交通、医療等も含む合計100項目程度）について、「障害」者の家を訪問し、その数は大阪府下で200件を超える調査だと言われている（定藤 2011: 276）。

そして、森は、この調査活動自体を通じて、仲間ができるとともに、大阪以外の地域における支援制度に関して学ぶことができたという。そして、その学んだ成果を通じて、大阪市と交渉し実現したのが同市の全身性障害者介護人派遣事業であると、森はいう（森 2001: 326）。この事業は、定藤（2011）の説明を援用させてもらえば、有償ボランティア的な制度として、家族と同居であっても身辺介護を保障するものであり、その他、同性による介護や介護者を選ぶことを保障するといえるものであった（定藤 2011: 241-242）。森は、母子健康保健センター闘争とこの生調の2つが、「車の両輪となって、その後の大阪各地での障害者解放センターや自立生活センターの建設につながっていったんやと思う」としている（森 2001: 326）。

(6) 24時間介護体制への模索

年代が少し戻るが森が大阪青い芝の会の会長となっていた1976年当時の介護については、主として森の母が担っていた。母は、森の風呂介護や、森の睡眠中には何度も寝返りを手伝ったりしなければならなかった。そのような中、父が入院することも何度かあり、1977年に父が入院した際には、母もまた体調が悪くなった。そういう母をみて森は、これ以上母に負担をかけないためにも、家を出ることを決意した。

森は、大阪府枚方市にあった大阪青い芝の会東部事務所の2階に住むことになった。その事務所にはオさんが、りぼん社の専従として住んでいた。オさんは、いわゆる高校紛争で高等学校を中途退学し、河野のつながりから、「障害」者の解放運動に参加し、りぼん社の専従となっていた。森とは意見が合うことが多く、ほとんどマンツーマンで森の介護をすることになった。

森が自分の家を出ることについては、当初、母自身が反対していた。「今まで誰の世話にもならずに修を育ててきました。そんな修を他人の手に渡したくないと思ったんです」という母の回顧した語りが残されている（森修生活史編集委員会 1990: 59）。しかしながら、森が母を説得して家を出てから、母もすぐ入院しなければならなくなった。

先に述べたように、森が「車イスの教師を創る会」の活動で大阪市役所で交渉を行っていた、1977年の3月に父は亡くなった。入院してから1ヶ月あまりが経っていた。森の父からオさんへの信頼も厚かったのか、亡くなる時には「オさんがいるから、安心して死ねる」と発言していた（森修生活史編集委員会 1990: 61）。葬式の日、森は父のことを思い出しながら、オさんと酒を飲み明かしていた。母は体調の悪い中、葬式には参列したが、その後、2ヶ月間、自宅で療養し、兄夫婦が森家に母の看病のために同居していた。このような状況下で、森は、兄夫婦が去ってからもこのまま母を残したまま1人暮らしをするかどうかで悩んでいた。悩んだあげく、1977年5月から母と同居しながら介護者を集めるという方法を選択することになった（森修生活史編集委員会 1990: 61）。この選択もまた、先に述べたような親の愛に対して否定的な青い芝の会の横田の議論（→32頁参照）と、表面的には整合性がつけにくい点でもあろう。

具体的に誰から言われたのかわからないが、森も当時の自立する他の「障害」者のように「生活保護をとって自立せなあかんで」と言われていた。その際、母親と別居するという意味での自立をする選択はしなかった。森の場合、母親と同居していては生活保護を受けることもできず、母親との同居生活を続けた。さらに、こちらも誰と討論をしたのかは記されていないが、「親は敵だという主張との間で討論となった」ものの「一番身近な人間＝親を変えることもできずに、他の人を変えることはできない」という信念を貫いたとされている（森修生活史編集委員会 1990:

61、森 2001: 325)。「親は敵」という語りは、おそらく青い芝の会の語りを踏まえたものであろう。

さらにその数年前のことに遡るが、まだ森の父が存命の頃、集会や交渉に参加する森に対して、家族は「おまえは障害者の赤軍派。出ていったらアカン」と言ったり、殴ったりしたこともあったらしい。しかし、それに対して、森は徹底して説得していったという（森 2001: 323）。父も亡くなる直前には、「お前は『大阪青い芝』を一生やっていける」とも語り、それに対して森は「やっぱり僕らの運動認めてくれたんと違うかな」と語ったとされる（森修生活史編集委員会 1990: 23）。

今日にあっても、子どもが何歳であろうと親、あるいは家族という枠組みでかかわる限り、子どもの行動に対して親が口出しすることはそれほど珍しいことではないといえるだろう。森の父が亡くなった数年後に森が、雑誌『そよ風のように街に出よう』の性に関する取材に応じて、全裸に近い写真を同誌に掲載したことが母親に知られたというエピソードがある。その際、森が家に入れてもらえなかったということが、インタビュー記事でも懐古的な文脈で語られている（森・牧口ほか 1983: 67、森・牧口 2012: 25）。この写真をめぐる語りも、今日的には当事者の自己決定にかかわる家族との対立として語れそうな事柄である。しかし、森の場合には、良好ともいえる家族的な関係の語りによって、その対立が表面化しづらくなる。第3章以下からも明らかであるが、そういった家族的な関係を前提にする語りが、他の学生介護者にも共有されやすかった語りであり、学生介護者に森がもとめた関係でもあったといえよう。

(7) 華々しい闘いの裏に

こうして1977年から始まった在宅・母同居という形での、森の24時間介護体制であったが、決して順調なものではなかった。介護体制がつくられて半年も経たない同年10月には、関西青い芝の会や関連団体を揺るがすことになる動きがみられた。関西青い芝の鎌谷正代、関西ゴリラの三谷博司、りぼん社の河野秀忠の連名による「緊急あぴいる」という注意喚起の文書が出されたのである。その全文は山下幸子による研究（山下 2008）に資料として収録されており、内容を確認することができる。「緊急あぴいる」の中心的な内容と思われるものを象徴的に表す文言を引用すれば、次のようなものをあげることができる（⑴、⑴'等の記号は本書での引用に際して加えたものである）。

⑴「差別と闘っている私達の内部で、そのもっと根本的な所で差別情況が強化されていると言っても過言ではない[4]」。

⑵「関西の運動は健全者に領導されていると言う他県の批判に私達はなんと答えればよいか[5]」。

⑴に関しては、例えば⑴'「自立障害者にランクづけを行う介護者が数多くみられる（あの障害者は色いろ教えてくれるけど、この障害者はだまってばかりいるから行くのはいやだ）[6]」というような例があげられている。⑵に関しては、⑵'「問題を自分（健全者）の側にひきつける事によって問題解決や、名分をつくろおうとする考え方があるのではないか」といった点が指摘されている。

山下（2008）が当時、この運動にかかわった「健全者」へのインタビューをしたところ、当時、突然のことに驚いた様子が次のように語られている。

「『緊急あぴいる』が出たときに、がーんとなって」「こんなにひどい感じで出てくるとは思ってなかったけど。『こういう状況あるで』とは聞いてても、やっぱりこんなひどい状態で、アピールみたいな形で、ぱっとなくなるとは思ってなかった[7]」。

ただ、アピール文を発行し、その文章を読めば、状況が改善するということもなく、結局、徐々に関西青い芝の会は「混迷期」といわれるような状況に入っていく。

今まで運動の成果の陰にあった、「障害」者と健全者についての問題、リボン《ママ》社・青い芝・ゴリラという組織関係の問題――運動体内部の諸矛盾――が外へふきだしてきたのである。混乱の中で、関西青い芝の会指導部は徐々に指導性を失い、事態は急テンポで拡大した（森修生活史編集委員会 1990: 62）。

結果として、1978年2月には、関西青い芝の会が、関西ゴリラの解散を決定した。関西ゴリラの解散に対して、大阪青い芝の会は反対していたが（森修生活史編集委員会 1990: 62）、関西青い芝の会常任委員会内での多数決で、同年3月には関西ゴリラは解散が決定された。ただし、そもそも関西青い芝の会が、別団体である関西ゴリラの解散を決定できるのかということをめぐっては議論の余地があるものであった（定藤 2011: 257）。

こういった流れの中で、森を会長とした大阪青い芝の会は、関西青い芝の会を脱会した（定藤 2011: 254）。その上で、組織としての「ゴリラ」と運動をともに継続した（定藤 2011: 282）。当時、会長としての森の思いの第三者的な語りとして、次のように記されている。

ゴリラの解散が、人を集める力のない重度在宅「障害」者の生命を即日危機に追い込むことは、明白である。いかに、「障害」者と健全者があるべき姿を真摯に問うといっても、重度在宅「障害」者の命を抜きに何が健全者問題なのか。森さんは、重度在宅「障害」者を犠牲にする形での解決を許すことができなかった（森修生活史編集委員会 1990: 62）。

この語りがどこまで、森自身の語りとしてみなせるのかは、今となっては検証困難である。ただ、本書の後のインタビューで明らかになってくるが、いかにも森らしい運動への構えだといえよう。少なくとも表面的に見た場合には、青い芝の会といえば、その行動綱領にある「われらは強烈な自己主張を行なう」にみられるように――また森自身の言動にもそういう側面はあったといえるだろう――、自己主張できる「障害」者を基軸に運動が展開しているかのように思われる。けれども、とりわけ森が早い段階から語ってきたのが、こういった重度「障害」者へのまなざしある運動展開であったといえるかも知れない。森自身の語りとしては、大阪青い芝の会の会長となった頃の青い芝の会の運動を回顧して次のようなものが記録として残されている。

　こうした見た目に華々しい闘いの裏に、家から一歩も出ることのできない生活を余儀なくされている在宅障害者がいることを忘れたらダメや。闘うべき相手は、健全者中心社会だけではない。同じ障害者の中の差別、障害者同士が対立させられていることが一番しんどいんや（森 2001: 325）。

　ここでは「同じ障害者の中の差別」を言い換えて、「障害者同士が対立させられている」としているところなども、「障害」者による「障害」者への「差別」に終わらせようとはせず、「健全者」中心の社会構造批判へと語り直されている。そして、この「混乱期」において、何人もの介護者、そして多くの関係者が運動を去ることになるが（定藤 2011: 256）、その1人が、森の父からも信頼されていたオさんであった（森修生活史編集委員会 1990: 62）。こういった混乱の中で、森の介護者不足も続いていた。

(8)　寮生の参加による新たな介護体制の構築と地域で当たり前に生きるための運動

　1970年代後半のことであるが、X大学の学生のカさんは、グループ・ゴリラのメンバーであったため、森をはじめ大阪各地の介護活動も行っていた。このため、大学にもなかなか通えない日が続いていた。周囲からは「『障害』者の介護をやっているらしい」「かなりしんどいらしい」「ほやから、あんなしんどそうな格好しとんのやろか」と言われていた（森修生活史編集委員会 1990: 66）。カさんは、「障害」者の研究会を他の学生と作り、しばしばX大学に車椅子に乗った「障害」者と一緒に現われていた。もともとX大学では、カさんの入学以前から「障害」のある人が聴講することをめぐる様々な運動もあり、障害者問題に対する意識が高まっていたという指摘もあり、

1972年にも横田弘を中心に青い芝の会を描いた映画として今日も知られる「さようならCP」(原一男監督)の上映会についての運動のための会合なども行われていた(定藤 2011: 79-81)。

X大学には、のちに多数の学生が介護活動に参加する学生寮(以下、X寮)があり、X寮はいわゆる自治寮として運営されていた。カさんが大学に一緒に来ていた「障害」者の1人が、森であった。カさん自身は寮生ではなかったが、カさんが寮生をはじめ他の学生に電話をかけて介護活動に参加するように呼びかけていた。また、電話を通じて寮生が、森の介護以外にも、大阪各地の「障害」者の介護に入ることもあった。

そして、1979年の10月には、カさんが森を連れてX大学の学生寮にやってきた。到着後、寮生が寮内の会議室に集まるまでの間、2人の学生が森の使っている車椅子を使う体験をしてみようと、森に話しかけて許可をもらったつもりで、この会議室を出て使ってみた。2人が戻ってきたところ、カさんのほか、すでに介護に入っているもう1人の学生の顔色が変わっていた。2人はカさんらに「『お前らなあ、車イスをなんやと思とんや』『森さんの足やぞ』『足で遊ぶのか』と、徹底的に糾弾された」とされている(森修生活史編集委員会 1990: 68)。「糾弾」された2人の学生は、実際には森から車椅子の使用の許可をもらっておらず、森の話をきちんと聞くことができていないことに気付かされた。そういったこともあり、この日の会合は引き締まった雰囲気となり、介護に入ることについての問題が参加した学生間で共有されるようになった。そして、翌年の1980年には、学生たちは、X寮内を中心に、介護グループをつくり、森を介護する体制をスタートした。当初は、X寮生以外の学生や、他大学の学生なども入っていたものの、これ以降、約20年近くの間にわたり、森の介護者の多くが、このX寮の寮生を中心に集まることとなった。

そして、まさにその翌年で、国際障害者年にあたる1981年に、森の住む四條畷市に住む家族で痛ましい殺人事件が起こった。市内在住の母親が、心中を図って「障害」のある2人の子ども(15歳と19歳)を、生駒山中で殺害するという事件が起こった(母親も自殺を図ろうとしていたが未遂に終わった)。

それまで、西日本における青い芝の会の中心人物として活動してきた森の居住地近くでの事件であっただけに、森にとってその衝撃は大きいものであった。その約10年前にも、コラム1でみた横浜市での殺人事件（↓21頁）に限らず、「障害」児・者を世話している家族による、「障害」児・者の心中や殺人はみられた。そういった事件が、地元で起こったことに森は相当なショックを受けた。

そして、それ以降、森は大阪市などの都市部だけではなく自分自身が住む地域での「障害」者解放運動にも取り組むようになる。まず手始めに、森の介護グループを中心に「森修氏の地域での生活を獲得する会」を立ち上げた。この獲得する会の第1回総会では、「①公的介護保障を求める対四條畷市交渉を始める」ということと、「②地域に『障害』者を支える市民組織＝市民会議を作る」ということが決定し、ともに実行されていく。

「①公的介護保障を求める対四條畷市交渉を始める」に関しては、同市との交渉を開始した。その結果、1981年2月に「全ての障害者について、市として公的に24時間介護体制を保障することの必要性を認め、その実施に向けて努力する」と四條畷市の福祉課課長との間に確認書を交わした（解放の家開所20周年記念実行委員会 2007: 4、森修生活史編集委員会 1990: 71）。運動は参加している「障害」者とその周辺では盛り上がりを見せたが、市内の他の「障害」者はこの運動に参加することはなかった（森修生活史編集委員会 1990: 72）。

そして、この運動が森の住む四條畷市や自宅からも徒歩圏内にあたる大東市も含めた地域に根ざすためにも、それまでの「森修氏の地域での生活を獲得する会」は、森以外の地域での「障害」者の生活を支援する団体として発展し、「在宅『障害』者の地域での生活を獲得する会」となっていく。さらに、森らは自治労四條畷市職員組合に共闘を申し入れ、前述の②にあたる「『障害』者解放四條畷・大東市市民会議」（以下、市民会議）を発足させた。

当初、四條畷市の職員組合では市民がかかえる問題を組合での交渉内容に入れていこうとしていたが、森は、その際の「市民」として「障害」者は考慮に入れられていないのではないかと主張し、書記長のもとを訪れていった。それ以降、森は同市の組合とも共闘的な関係を築くことになる。そこに、部落解放同盟の2つの支部等も加わる（ともに大東市内の組織であるが、先に述べたように四條畷市にあった森の家から大東市は徒歩で数分である）。この市民会議については、次節（→58頁参照）で再度とりあげるが、森個人との関連で重要となるのは、当時自治労四條畷市職員組合の書記長と、森との連携である。組合の書記長は、賃上げ問題だけでなく、女性差別ほか差別事象に対する問題にも取り組んでいて（なお、書記長自身も女性である）、市民会議の事務局長として、議長となった森とともにこの運動をリードすることとなった。

(9) 新たな介護体制の構築と地域で当たり前に生きるための運動

森は、以上みてきた地域や大阪青い芝の会、関西青い芝の会の活動以外でも、1987年には国際的な「障害」者の組織「障害者インターナショナル（DPI）」の日本での組織である「DPI日本会議」の常任委員に就任し（15年間）、1989年からは同会議の制度政策委員長も4年間務めた。ただ、ここでは紙面の都合上、森が残してきた全てについて書くことができないため、本書を理解してもらうために必要な範囲で確認しておきたい。

森は、「市民会議」が中心となって運営されるようになった「解放の家」（後述）にて、1988年7月に四條畷市の職員組合員の、ある女性と知り合う。約2年後の1990年6月にその人と結婚することとなる。周囲からは、組合とのつながりがよく分かる出来事ともいわれ、「組合と結婚した」とも言われるほどであった。森の妻自身による文章では、森の家族から温かい言葉をかけられているものの、妻の両親や職場での結婚報告については苦慮している様子が書かれている（森修生活史編集委員会 1990: 110）。彼女は、そういった状況もありながらも、1993年に森の母が亡くなった後も、後の章でみるように森の母に代わって介護者を温かく迎え入れ続けていった。

本書とのかかわりでもう1つ確認しておく必要がある事柄としては、以下にみるような野田事件の裁判をめぐる運動である。1979年、千葉県野田市で小学生の女の子が殺害されるという事件があった。警察は近所に住んでいた青山正（当時31歳）を逮捕した(8)。青山には知的「障害」があり、警察に逮捕されてから3日間は犯行を否認していた。しかし、何日にもわたる取り調べの過程で犯行を認めるかのような発言をするようになった。第一審の終わり頃に、本人も明確に犯行を否認しているにもかかわらず、1987年の第一審で懲役12年の有罪となった。救援する会が関東では1982年に正式に発足し、関西では、りぼん社（↓37頁）の小林敏昭らによって1987年に「青山正さんを救援する関西市民の会」が発足した（青山正さんを救援する関西市民の会 2007: 12）。知的「障害」のある本人に対する問題の多い捜査・取り調べ、証拠のねつ造の指摘をはじめとする無罪の主張にもかかわらず、第二審（1989年）も第一審を支持し、さらに最高裁（1993年）は上告を棄却し、12年の懲役が確定となった。

森は青山を救援する運動に、小林の相談に応じて参加するようになった（青山正さんを救援する関西市民の会 2007: 13）。この運動を行う際、森は、それまで森自身がかかわってきた「『障害』者解放運動」をふり返りながら、知的「障害」も含めた意味での「精神『障害』児・者の解放」については、次のように書いている。

> いろいろな課題を積み残してきたが、一番ひっかかっているのは、精神「障害」児・者の解放について、全くと言っていい程何も出来なかったことである（森修生活史編集委員会 1990: 96）。

つまり、これまでの解放運動は、身体「障害」者を中心に進められてきたということである。右の引用に続けて、森が在宅訪問に通っていた、知的「障害」がある人の話をあげて次のように書いている。

> 知恵遅れのナさんの所へ在宅訪問に行きながら、何一つ要求を聞き出すことが出来ず、また、彼女自身の自立を考える時、何も見出せなかったのである（森修生活史編集委員会 1990: 96。引用にあたって実名を仮名に変更した）。

さらに、その上で、次のように記している。

ナさんのことを総括する意味でこの運動を押《ママ》し進めていく決意である。おこがましい言い方であるが、精神「障害」者解放運動のあり方を問い続けていくのが私の使命である（森修生活史編集委員会 1990: 97。引用にあたって実名を仮名に変更した）。

森が問おうとしているのは、今日の一般的な言葉使いでは、精神「障害」者の解放というよりは、知的「障害」の解放となるだろう。いずれにせよ、森は１９８８年から「青山正さんを救援する関西市民の会」の代表となる。この会の活動を通じて、森の介護に入っていた学生や社会人も多くが青山を支援してきた。この会は、会報『殺したんじゃねえもの』をその後、何十年にもわたり毎月発行するとともに、研究会も継続したり、再審を目指したりして運動を続けてきた。森の介護者のほか、人権にかかわる各方面の活動家や研究者がこの運動に参加した。

青山は１９９４年に満期出所した後、しばらくは千葉県の作業所に通っていたが、森が代表をしている関西市民の会等の支援により、１９９５年からは大阪に来て知的障害者の授産施設で働くようになる。２０１４年には再審請求を行っていた。高齢化していく中で、青山は、生活介護事業所として運営されていた「解放の家」（後述）に毎日通いながら晩年を過ごしていたが、病気のため２０１８年9月に帰らぬ人となった。

(10) 最晩年の森

詳しくは次節で再度みていくが、森は、２００１年にはＮＰＯ法人あとからゆっくりの代表理事、２０１１年には一般社団法人フロンティアの理事として、これまでの運動を「事業」として展開していくようになる。また、こちらについても後でCさんの語りを検討する際にみていくように、かつては、前述の市民会議が、対市交渉などを通じて行政とかかわってきた。現在では、そういった対抗的な運動スタイルでは市民が集まらなくなってきたこともあり、２０１４年からは、これもまた後で触れるが森が顧問としてクレヨン・リンクという市民サークルが発足し、行政とも連携しながら、「障害」者やその他の市民がゆるやかに地域のつながりを広げていこうという動きへと変化していくこととなった。一方でＮＰＯや一般社団法人による「事業」、他方で市民サークルというボランタリーな「活動」を、両輪としてそれまでの運動が継承されていくことが目指された。

さらに森自身は、就学免除によって小学校や中学校で学ぶことがなかったが、２００４年から２０１３年までＸ大学で非常勤講師として授業も担当することとなった。それに先立つこと１９９７年には、中学校卒業程度認定試験の「国語」と「社会」にも合格している（森修さんを偲ぶ会実行委員会 2017: 87）。当初、この試験で全科目に合格した場合には、高等学校や大学に行くことも語っていた（森 2000: 104）。１９９９年には大学の紀要に自らの生い立ちに関する「ノート」を寄稿している（森 1999）。そして、２０００年の著書には、森の「夢」として、Ｘ大学においても「障害」のある学生が20パーセントくらい在籍することや、授業の内容も専門家によるものだけでなく、「障害」者や在日朝鮮人などが自由に来て授業ができることを語っている（森 2000: 104）。

雑誌『そよ風のように街に出よう』の２０１２年の記事では、Ｘ大学の介護グループが結成される以前の段階を含めた、それまでの約30年間で３００人くらいが森の介護に入った後に教員となっている趣旨のことを語っている（森・牧口 2012: 29）。この記事で、翌年の介護体制が「ピンチ」であると書かれているが、森の体調も悪くなってきたこともあり、この頃から介護体制としては、森が理事を務める一般社団法人フロンティアから派遣される介護者が中核を担うようになってきた。それらの介護者には、かつては森の学生介護に入っていた者もいたが、これまでの運動に直接的には関係を持たなかった人たちもいた。やがて森自身の体調が悪くなり、聞き取りをはじめとするコミュニケーションも難しくなってきたため、現役学生が、以前のように介護の中核を担うということは難しくなっていった。若い頃の森ならば身体を張って自分の身を若者に託して、少々の事故があってもなんとかなったかも知れないが、高齢化した森の介護を学生が担うのはさらに危険なことであったろう。

ただ、森の体調がさらに悪化し、２０１６年６月に自宅近所の病院に緊急入院することとなった。約10日間ＩＣ

Uで治療を受けたものの、２０１６年7月に67歳で亡くなった。緊急入院してから、森の親族や介護グループOBを中心とする関係者への連絡網の構築、葬儀場の準備やお寺との打ち合わせ、多数の関係者の連絡等もCさんほか地域に住む元介護者らが行った。関係者には頻繁に森の病状等がメールで伝えられた。また、後でみるように、亡くなった後、葬式で送られる前に身体を拭いたり着せ替えをさせたりすること等は、地域に住むLさんが行った（→１０４頁参照）。

葬式には約５００名近くが参列した。全国からOBが駆けつけてきた。亡くなった後、約1年後の２０１７年の介護グループの総会で、OB会も解散となる（ただ、会報のようなものはその後も不定期で発行されている）。森の墓は、森の生まれ育った町が見渡せる墓地にあり、墓碑には「友よ　拓け」と記されている。死後5年以上が経った２０２１年末現在も、SNS上では森と同じ市内や近隣に住む40代、50代の元・学生介護者が森の墓を訪問している様子がしばしばアップされている。コメントが書かれている場合には、森から受け継ぐことについて書かれていることが多い。また地域での関係者の飲み会でも、墓に花を毎月持って行ったりしているのは、きっとあの人だといった話も耳にする。

2　地域での運動

(1)　解放の家

郊外の住宅街にあるＪＲの四条畷《ママ》駅を降りて、大まかにはまっすぐ同じ方向だが、何度も曲がらなくてはならない道を十数分歩いた先に、多数の送電線とつながった巨大な鉄塔がそびえ立っている。その真下付近にいくつかの1階建ての古い長屋街がある。「解放の家」は、その長屋街の1番奥に目立たない形でひっそりと存在している2ＤＫの木造住宅である。その家の玄関には「四条畷《ママ》市障害者　健全者　カイホウノイエ」と木製の看板に手書きで書かれているが、生活介護事業所としての名称は「障害者解放の家」であり、関係者が語る正式な名称は「『障害』者と健全者の解放の家」である。

この「解放の家」の存在は、市内でそれほど知られているものではない。すぐ近所の小学校に通っていた「障害」のある若者も、20歳を過ぎて自分自身が「解放の家」に通うまでは知らなかったりするほどである。建築後、半世紀以上が経過したその木造長屋には、手書きの看板のほか、引き戸を開けたら手作り感あふれるスロープがあり、中に入ると、和室の上にカーペットが敷き詰められている。法律上の区分では、現在、生活介護を行う施設となっているが、おおよそ事業所や「施設」というイメージからは想像もできないような、昭和の家庭的な雰囲気の佇まいである。

新型コロナウィルスの感染もなかった当時の２０１７年頃で説明すれば、10時前には早めに到着する利用者がやってくる。10時過ぎからは徐々に他の利用者も集まりだす。解放の家のスタッフの送迎の車で来る人もいれば、家族に連れられて来る人、自分1人で来る人もいる。集まってきたら利用者や職員が一緒に昼食を作り出していく。調理するためのキッチンは、長屋の古いキッチンでせいぜい4人家族を念頭においた流し台と、外に設置されたプロパンガスタンクとつながったガスコンロからなる。このキッチンで、毎日12、3人の男女の昼食が作られるのだ。

料理のメニューを決めたり指揮したりしていく料理長のような役割は、日によって違う人が担当するが、指揮を出す人は、「健全者」、「障害」者、それぞれにできることを指示している。調理が終了する正午までには、精神に「障害」のある利用者が、何度も出入りして、任せられたコーヒー豆の買い物等を手伝ったり、解放の家にあるお風呂で入浴をしたりしている。

昼食は家庭料理で、唐揚げや、ハヤシライスの日から肉じゃがの日まで、珍しいエスニック料理等はないにせよ、それなりにバラエティーに富んでいる。費用について、ある人が料理長のような役割となる日は、1人あたり100円で作ることができるが、また別の人がなる日には、150～200円である。その日に昼食を食べる予定の人の名前が小さなメモ用紙に手書きで書かれたリストがあり、支払った後にマル（○）をつけている。

この昼食の安さを可能にしているのは、近所の福祉農園を利用したりすることや、多くの職員、そして関係者の寄付によるものである。昼からは、みんな絵を描いたり、おしゃべりをしたり、まったりと過ごしている。15時頃には誰かが差し入れたおやつをみんなで食べる。時には、解放の家の近所に夫婦で住んでいる女性が、喧嘩相手の夫を追っかけて、夫婦2人で入り込んでくることもあった。

解放の家のすぐ近所には、学生の頃から「障害」者運動にかかわってきた住人の一人が、住んでいて休憩がてら解放の家でコーヒーを飲んだり、路地で音楽を奏でたりしている。ある日この人と私が話していたら、彼はこの（長屋の）一帯がコミューンみたいだねと語っていた。そして、夕方が近づくにつれて、それぞれの方法で帰宅していく。

住宅街の中でひっそりと存在し、ゆったりとした時間の中で、のんびりしたコミューンにしか見えないが、このコミューンのようにみえる建物と人々の集まりこそが、広く知られている青い芝の会の運動とは多くの点で異なる展開を見せた「障害」者解放運動の成果である。森修の地域での運動の成果の象徴的な存在ともいえる「解放の家」の成り立ちを理解するためには、市民会議と獲得する会の経緯からみていかなければならない。

(2)　市民会議と「獲得する会」

先に述べたように、市民会議は、1981年1月の殺人事件（↓49頁参照）をきっかけに、森がそれまでの都市部での運動から地域での運動にも尽力していく過程で、同年9月に発足した。この市民会議の構成団体としては、四條畷市職員組合、部落解放同盟の支部、地域にある政党支部や関連団体と並んで、森を中心とした「在宅『障害』者の地域での生活を獲得する会」（前身は「森修氏の地域での生活を獲得する会」、以下では「獲得する会」）があった（森修生活史編集委員会 1990: 75-76）。

1990年の時点での文献では、市民会議がこれまで行ってきたことについて次の4点が書かれている（森修生活史編集委員会 1990: 94-95）。

①市役所などの施設・設備の改善
②在宅障害者の公的介護の保障
③障害者と「健全者」の交流会
④障害者解放の家づくり

①は、市役所などに今日の言葉使いでいえば、バリアフリーなどを求める取り組みである。②は、獲得する会をはじめ重度「障害」者である、森や他の障害者の24時間介護の保障を求めるための取り組みである。③は、食事パー

ティーや花見のほか、「障害」のある子どもが地域の学校で学ぶための運動に尽力してきた母親の話を聞く会等である。

そして、④は行政に解放の家の設立を求める働きかけでもある。１９８５年3月には四條畷市に解放の家の設置についての要望書を提出した。その後、何度も交渉し、１９８５年には四條畷市助役名で解放の家の必要性を認める確認書がとられた（解放の家開所20周年記念実行委員会 2007: 3）。

以上の①〜④のほか、市民会議というよりは、先に触れた「獲得する会」の活動といった方が正確な説明であるが、「在宅訪問」という活動もある。中心となる当事者の名前に「チーム」をつけて、「〇〇チーム」と呼ばれるような在宅訪問グループが複数存在した。この活動では、家族以外とはつきあいがなく、自宅からあまり出ることのない「障害」者を訪問する。訪問して、本人に会わせて欲しいと言ったところで、玄関に出てきた家族が快く本人に会わせてくれないことも少なくない。何度か定期的に訪問するうちに、家族と世間話をすることができたりする。家族の庭仕事や掃除、あるいは畑仕事などを手伝ったりすることもある。そういった中で、まずは家族と徐々に信頼関係ができ、やがて本人と一緒に遊びに行ったり外出するようになったりすることもある。学生の場合、大学在学中だけでなく、卒業後もずっと続いているケースも珍しくない。市民会議は、２０１０年代には開催されなくなったが、何名かの元・学生による訪問活動そのものは2022年現在も続けられている。こういった運動の中で、２０００年代初頭まで数名の「障害」のある人たちが、ボランティアの介護者を集めて「自立」生活を開始したり、グループホームでの生活を開始したりするようになった。「障害」のある当事者の中には、他のグループの介護者と結婚をして家族を形成した人もいた。２０００年代に入ってからは、ボランティアの介護者を集めて生活していた当事者も、徐々にボランティアではなく制度を使って、「自立」生活を継続するようになってきた。

(3) 解放の家の誕生

1985年には「市民会議」が、四條畷市に、「障害」者の解放の拠点となる「解放の家」の建設のための要望書を提出し、交渉を開始した。「解放の家」のモデルとなったのは、いわゆる同和問題の解決のための解放会館であったといわれている。「解放の家」は、「障害」のある人もない人も自由にふれあうことのできるような会館が想定されるとともに、「障害」者差別等と闘うための反差別的な運動の拠点となることが目指されていた。

交渉の結果、1986年3月には、四條畷市は「解放の家」を翌年に建設すると約束し、建設までの期間、毎月5万円程度の補助を支払うことを約束した（森修生活史編集委員会 1990: 76, 93）。そして、市民会議のメンバーが公的な「解放の家」が建設されるまでの、仮の建物としての「解放の家」を探すこととなった。だが、施設面や家主の理解の問題もあり、解放の家となる場所が簡単には見つからなかった。「障害」者のおかれた状況に理解のある家主と出会うことができ、1986年9月には、市民会議は、長屋街にある住宅を借りて、仮のものであるがそこを「解放の家」とした。開設当初の段階では「解放の家」は1週間に3日間開かれた（水・土・日、14時から17時まで）。

そして、「障害」のある子どもやその家族と、大学生がそこで過ごした。長屋街の住宅のため隣近所には、運動とも関係のない市民が住んでいたため、様々なトラブルがあった。しかしながら、徐々に「あの文化［＝長屋街のいわゆる文化住宅］を中心とする半径200メートルの地域の中では、私たちが目指す『共に生きる街』が見えてきたような気がしました」とも語られるような、隣近所との関係が語られる側面もあった（解放の家開所20周年記念実行委員会：2007: 5。［　］内は引用者）。

なお、解放の家を利用していた子どもたちの「障害」種は、「知的障害」が多く、この段階では、森と同じ脳性マヒのある人の利用はなかった。解放の家には、当初から交流の場所としての機能を果たすことも期待されてはいたが、設立当時から「大人の障害者」の参加が少ないことが問題視されることもあった。87年段階で書かれたと思われる文章であるが、総括として次のような記載がみられる。

現在、解放の家へ来る障害児・者のほとんどが子供であり、当初の構想にあった大人の障害者が、日常の不満や喜び、障害者差別への怒りなどを語り合うという点は、まだ実現していません（森修生活史編集委員会 1990: 92-93）。

「障害者」の解放を目指すための拠点として、例えば、コラム1で取り上げた（↓21〜22頁参照）青い芝の会の行動綱領のようなものを掲げつつ、運動や行政交渉していくようなスタイルは、脳性マヒなどの身体「障害」を中心とした「大人の障害者」が主体となっているならば、可能であったかも知れない。しかしながら、実際に来ている「知的障害」のある子どもたち自身が、行政交渉や運動に取り組むということは、（今日的な知見からは可能であっても、少なくとも当時では）イメージしにくいものであったことは容易に推察される。

また、「知的障害」のある子どもたちの保護者も、行政交渉や運動へ実際にかかわっていたものの、解放の家を運営し、運動をリードする側とは温度差があった。このあたりについては、地域の実際のニーズと運動体の認識とのギャップとして、X大学の学生時代から森の介護に入り、解放の家の設立にもかかわり、地域で居住することとなった元・学生介護者が、後に「解放の家」が設立後20年経った頃に次のように分析している（執筆時は社会人）。

86年9月に現在の解放の家がオープンした。多くの「障害」児がやってきた。親は、卒業後の子どもたちの進路として解放の家を考えていた。しかし、運営側は親を差別と闘う主体として捉えていた。解放運動を進めていく上で、この考え方のギャップが重大な問題となった。このギャップを埋めてともに闘う主体へと成長しなければならないと総括を続けたが、打開策は見出せなかった（解放の家開所20周年記念実行委員会 2007: 6）。

その後、1988年には、四條畷市は、市立幼稚園の跡地を「解放の家」として利用することを提案した。ところが、市民会議が受け入れることができる条件のものではなかったためこれを拒否した。また、1992年には、小学校の一部（1棟まるごと）を利用して、「福祉コミュニティーセンター」が完成した。当初は、「市民会議」が、この運営業者として入るということも考えられていたが、入ることもなかった。

「解放の家」は、1993年には、毎週5日間、開かれるようになり、この年から「専従者」として活動する者がつくようになった。解放の家では、ガイドヘルプ活動、夏のキャンプ（琵琶湖）、福祉農園、散歩などがなされてきた。この時に語られたフレーズの1つが「奪われてきた体験を取り戻そう!!」というものであった。これは、部落解放運動における識字教育に関して、部落差別の結果、学校で学ぶ機会を「奪われた」と表現したり、結果として非識字の状態に追いやられたことを「奪われてきた文字」と表現したりする語りと似ている。「市民会議」が部落解放運動と連携してきたことが大いにかかわる点であったといえるだろう。

2000年には、四條畷市の事業として、地域の「障害」者が自由に相談等をすることができるような「障害者生活支援センター」の委託事業制度が始まり、最初は四條畷市内で、解放の家ではなく別の福祉事業所がこれを引き受けた。この「障害者生活支援センター」の完成をもって、「市民会議」の側としては、長年にわたって四條畷市と交渉してきた「解放の家」の機能が市の責任においてなされることになったと見なすこととなり、これ以降「解放の家」建設交渉という形での活動は行われることがなくなった。もともとは、仮の「解放の家」だった建物が、現在（2022年）もおおよそそのまま「解放の家」として使われている。

(4)　2つの法人

以下で経緯を説明するが、2001年以来、森や市民会議にかかわってきた人を中心に、2つの法人が誕生することとなった。先ず始めに「特定非営利活動法人あとからゆっくり」（以下、本章ではあとからゆっくり）が、森を代表理事として2001年に設立された。もう1つが、2011年に設立された「一般社団法人フロンティア」(以下、本章ではフロンティア)であり、こちらでは森は理事を務めた(なお、晩年の森が顧問としてかかわったクレヨン・リンクも当初は法人格がなかったが、森の死後には、NPO法人となっている)。

「解放の家」が出来て数年経ち、通っていた知的「障害」のある子どもたちも学校を卒業するようになり、市民会議では「解放の家」を、1996年からは「無認可小規模作業所」として運営し、リサイクル活動や畑仕事なども行ったりしていた。先に述べたように、「障害者生活支援センター」委託事業制度が始まってからは、公的な「解放の家」建設交渉も行われなくなった。そして、今後市民会議では、利用者やその親からの期待に応えて、制度的なサービスを提供するためには、法人格のある「事業」を展開していく必要性を認識する人たちもいた。そこで、2001年には「特定非営利活動法人あとからゆっくり」が発足し、市民会議のような社会運動では担いきれない「事業」の役割を担っていくこととなった。

「あとからゆっくり」は、設立された初期の段階では次の3つの事業を行っていた。①解放の家にスタッフを派遣すること(解放の家そのものは解放の家の運営会議で行われる)、②「障害」者向けグループホームの運営、そして、以下のように少し時期がずれるが③介護者派遣も行うようになった。

③の介護者派遣に関しては、「あとからゆっくり」設立前の「解放の家」では、森を含む3名の「障害」者に介護者を派遣し、その費用は四條畷市を通じて支払われるものであった。これは、利用者が、仲間を介護者として、市役所や事業所に登録し、介護の費用は市が負担する自薦登録ヘルパー方式によるものだった。しかしながら、自薦登録ヘルパー方式の制度が変更されたことに伴い、2002年から「あとからゆっくり」が介護人派遣事業所の認定を受けて、介護者はそこから派遣されることとなった。

この結果、先にみた(→58頁参照)「市民会議」が行ってきたこととしての4点あるいは5点のうち、「在宅障害者の公的介護の保障」と「障害者解放の家づくり」については、「あとからゆっくり」が中心となって取り組まれていく面が強くなってきた。このように「運動」として「市民会議」が行ってきた事柄が、「事業」として「あとからゆっくり」に引き継がれていく過程で、「市民会議」の役割は、従来より小さくなっていった。

社会運動体としての「市民会議」の役割が小さくなり、「あとからゆっくり」が事業体としての制度を使って事業展開をしだして10年近く経った２０１０年頃から、「あとからゆっくり」の一部のメンバー等と森で公的な福祉制度外の、福祉用具の開発を行って特許を取得したり、物販をしたりすることで自主財源が確保できないかという話が出てきた。そういった「制度外」の事業を行う法人として「一般社団法人フロンティア」が２０１１年5月に設立された。車椅子用の屋根、「障害」者の住居探しに重点をおいた不動産業など、様々な事業構想を検討していた。もともとは、そういう趣旨で制度外の事業を担うべく設立されたが、その後、「フロンティア」は、「解放の家」に職員を派遣することについても「あとからゆっくり」から引き継ぐことになった（ただし、運営そのものは、引き続き解放の家の運営会議で行われる）。その他、「フロンティア」の方では、ガイドヘルプ事業、相談支援事業なども行うとともに、他ジャンルともいえる事業としては、木工販売なども行うようになった。いずれも現在まで続けられているが、これら以外にも、制度的な事業でも営利でもない取り組みであるが、＊ＨａＮＡ＊という企画もある。これは、フロンティアの関係者が、自由な企画を立ち上げて、例えば個人の体験・経験や生い立ち等をみんなの前で話をする中で、自信を付けたりエンパワーメントされることなども期待された企画である。生い立ちを語ったりするところは、次章以降でみていくX寮の「生活掘り起こし」の流れを汲むものとみなすことができる。

(5)　「市民会議」からクレヨン・リンクへ

「あとからゆっくり」による事業化によって、「市民会議」の役割も相対的に小さくなっていった。事業化から数年後の２０００年代初頭、「障害」者に対する差別的事象に取り組むため、「市民会議」を再び動き出させようという動きもあった。具体的には地域在住で、車椅子を使っている「障害」者のタクシーに乗車拒否をされたことをはじめとすること等に取り組むためである。さらに2010年前後からは、四條畷市で行政が実施する「障害」者支援の各種計画やそれに関連して行われる調査に対して、市民運動団体主導で「障害」者の視点から捉えなおすというスローガンの下、地域で聞き取り調査（「障害」者福祉・人権意識調査及び研究事業）なども実施してきた。

しかしながら、これらの調査を通じて市民が地域の課題を共有して、行政と対峙してゆこうとする「運動」としての「市民会議」のスタイルは、現代では通用しないと判断されるようになってきた。この点に関して第3章でみるように、フロンティアの理事長（2017年当時）のCさんは、「昔のスタイル、例えば生活掘り起こしやってね、あの、世の中の階級的な矛盾に気づいて、闘うための主体を作るなんていうことっていうのは、もう今の時代にそぐわない」と語っている。

そこで、そういった行政と対峙していくスタイルではなく、市民でゆるやかにつながり、そして行政とも連携していくような「市民サークル」の「クレヨン・リンク」が2014年6月に結成されることとなった。発足当時のクレヨン・リンクの規約では、このサークルの目的は、「障がい者が当たり前に暮らせる地域のために、市民主導型、参加型の活動や学習、交流を通じて、広く市民が参画できる『場』を創造し、行政・社会資源とのつながりをコーディネートしていくこと」とされている。「障がい者が当たり前に暮らせる地域のために」という目的に関しては、「市民会議」の語りを継承しているが、「場」の創造や、行政・社会資源とのつながりのコーディネートといった意味合いから、行政と対峙するタイプの活動がここでは求められている訳ではないことが分かる。

現在、クレヨン・リンクでは、それまでこの地域で30年以上続けられてきた「市民会議」の行事・イベント（バス・ツアー、クリスマスパーティーや花見）を、解放の家等の協力の下、引き継いで実施するほか、「障害」者やその支援にかかわる講演会なども開催している。その他、市民会議にはなかった取り組みも多くなされるようになってきた。2017年からは、当事者や支援者、そしてその他の地域の人たちと毎月アサーション入門講座あるいはスポーツ（ボッチャ）による交流会なども行っている。また、市民の実行委員会が主催で、行政が問い合わせ先となる地域の大きな福祉イベントにも、他の事業所等とともにブースを担当したりしている。その他、SNSを通じて情報発信がなされ、講演会の様子、日頃の活動報告や手作りタピオカの作り方などの動画投稿などもある。そして、2021年2月にはそれまでの任意団体からNPO法人となった。

このような活動が中心となり、クレヨン・リンクには、かつての「市民会議」ではみられた行政と団体交渉等を通じて対峙し、何かを要求していくタイプの社会運動的な要素は、ほとんどみられない。クレヨン・リンクのホームページやSNSなどにも、政治的な「要求」といったことも書かれていない。かつての「市民会議」については、Cさんが「しんどさかかえた者（もん）じゃないとできない運動みたいなところが、どっかありましたから。その～、寮生中心でもあったりして」と評していた。本書の次章以降でみるCさんやLさんの語りにもあるが、もともと森の学生介護者が多くいたX大学のX寮では「しんどいもん中心（しんどい者中心）」という考えが採用されており、その寮生や卒業生がかかわった「市民会議」もまたそういう語り方で運動がなされてきた面もあった。しかしながら、今日の「クレヨン・リンク」での活動では、「しんどいもん中心（しんどい者中心）」といった意味での特権的な立場での語り方というよりは、「市民サークル」として活動が語られ、誰にも開かれた活動を広げようと数々の交流イベントを企画・実施している。

「市民会議」の運動の語りから「クレヨン・リンク」へサークルとしての活動への語り方の変化は、本書の次章以降で検討していく個々人が生きてきた語りにおいて、若い世代からは社会運動的な語りがみられなくなっていることも関連しているといえるだろう。現在のクレヨン・リンクの会員は役員も含め、「市民会議」にはかかわっていないメンバーが多数を占める。時代的な観点からも、社会運動的な語りでは通用しないことは明らかであり、市民サークル的な語りで「市民会議」以来目指されてきた「障がい者が当たり前に暮らせる地域」づくりを目指そうとしている。

コラム2
介護の風景

一般的に人の生活スタイルが何年も全く同じということはないと考えられるため、とりわけ細部の様子は人によって異なって語られるであろう。あくまで次章以降の森にかかわる介護活動のイメージをつかむためのものとして読んでほしい。

1つの例として、90年代から00年代にみられた介護体制を中心にしながら説明したい。多かれ少なかれ、他の年代にも共通するところがある。介護活動に入る時間帯としては、2つの「枠」から成り立っている。昼の介護枠（「昼介護」と呼ぶ）が、朝の9時から夜の19時までであった。平日に学生2人が、この枠に入ることが多かったが、学生がこの枠に入ると授業にまる一日参加できないことになる。夜の介護枠（「夜介護」と呼ぶ）が、19時から翌朝9時までであった。こちらも平日は学生2人が泊まりで入ることが多かった。2人体制では、主たる介護者たる「メイン」と、それを補佐する「サブ」がいた。時には新人（1年生）などが、3人目の見習いのような立場で入ることもあった。このような2人体制となる前は、それぞれの枠に介護者が1人いるだけであった。

後で何度も取り上げることになるが、介護者が昼と夜それぞれ、1人で「メイン」として介護をできるようになったと、森に信頼され認定されることを「一本立ち」という。昼介護と夜介護を比べた場合、昼介護の方が「一本立ち」を認められることが容易であった。このため、本書のインタビューで当時の達成感等の思い出とともに語られる「一本立ち」とは、夜介護のことを指している。風呂介護等もあり、夜の方が認められるための苦労が多かったのである。

昼枠の介護者は朝9時までには森の家に到着していなければならないので、学生で寮生の場合、自分の朝食も済ませて7時過ぎにはX寮を出なければならない。介護枠を引き受けて、前日に確認電話をして約束してから当日、介護に入るわけなので、もしも遅刻をすれば、森や先輩にこっぴどく叱られてしまう。このコミュニティ内では、5分遅刻すれば、森を5分殺したというような言い回しで注意されることがある。

朝9時前に到着すると森は、前日からの夜枠の介護者とともに、2階のベッドで寝たまま新聞を読んでいる。夜と昼の介護者の交代は、時間になったから機械的に切り替わることはよくないという雰囲気もあった。そういった雰囲気の中での話ではあるが、森が上半身を起こすのを昼枠の介護者が介助するあたりで、交代することが多かった。昼枠の介護者は、続けて森がベッド上で着替えるのを手伝った後、ベッド上で朝食を食べるのを介助する。なお、森の朝食と昼食は、外で働いている妻が仕事に行く前にすでに用意しているものを食べる。

昼になると介護者の食事も必要となり、昼過ぎには2人いる介護者の1人が、弁当屋に2人分の弁当を買いに行ってくる。そして、2人が昼食を食べてしばらく経ってから、遅めに朝食を食べていたために森の昼食が昼過ぎから始まる。その後は、活動に出かけたり、散歩に行ったりすることもあるし、来客があったりすることもある。

19時前には、夜の介護者がやってくる。引き継ぎの前に、介護日誌を書く。昼枠の介護者が帰宅するタイミングも、時間になって夜枠の介護者と機械的に交代するという形にはならなかった。たいていは時間を過ぎても、森らと会話したりしながら過ごし、しばらくしてから帰宅していた。昼枠の介護者から徐々に代わった夜介護者は、夕飯に関しては、妻と食べる2人の大切な時間であり、手伝わなくてよかった。夫婦2人から少し離れたテーブルで学生も自分で用意した食事を食べたりしていた。その後は、みんなでゆっくりとテレビのニュース番組を見たりしながら過ごす。80年代後半から90年代には久米宏がメイン・キャスターをしていた「ニュースステーション」(テレビ朝日系列)を介護者と見ながら議論をしていたという話などもインタビューでは聞かせてもらった。

その他、トイレ介助もある。1990年に森が結婚した後、排便に関しては森の妻に手伝ってもらうことが多かった。

タバコ介助も適宜ある。やや遅めの時間帯から、お風呂にゆっくりと入るのを介助していく。歯磨きも風呂介護とセットで行う。

森は2階で妻と共に一緒に眠る。森が独身の頃は、介護者がベッドと部屋の壁の隙間に布団を敷いて寝て、適宜、寝返りの手伝い（寝返り介護）等をしていたが、90年代以降は、介護者は1階で眠っていた。やがて、朝になり、介護ノートを書いてから、前述のように昼枠として9時前に来た介護者と交代する。

また、各曜日の枠であるが、概ね日曜日の夜の介護枠から土曜日の昼介護枠には、学生が中心に入りながらも、「温玉」といわれた、卒業してから学校で非常勤講師や採用試験準備などをしている卒業生も入ることがあった。「温玉」の語源は「温泉卵」で、固まっているわけでもなく、生で柔らかいわけでもなく、その真ん中というような意味合いから命名されている。

続く、土曜日の夜と日曜日の昼には、社会人のＯＢが入り、「定期枠」として固定して入る者もいれば不定期で入るものもいた。学校週休二日制の広がりと共に、土曜日が休みとなるＯＢも増えてきた頃から、金曜日の夜や土曜日の昼間にもＯＢ介護者が入ることも増えてきた。その他、「祝日枠」というのもあり、祝日の前夜及び祝日の昼枠に、社会人ＯＢが入ることがあった。さらに、学生介護者は、夏季休暇などの長期休暇中に帰省したりすること等があり、大学の長期休暇中は森の介護者が不足することがある。そこで、学生たちがＯＢに直接連絡をとって長期休暇中の介護枠（「長期枠」）に入ってもらうこともあった。

ただ、２０００年代に入ってからは、「専従」として大学を卒業して間もない介護者に公的な制度を使って賃金で入る枠ができるようになった。学生介護者もかなり減ってきた２０１０年代の最晩年にはフロンティアに所属する職業として介護をする人たちが介護者として入っていくようになる。

註

（1）全般的と書いたのは確かに、森自身も「親は差別者や」と語ったとされている場合もあるからである（森修生活史編集委員会 1990: 7)。ただし、後の章のインタビューデータなどから森がむしろ家族的な価値観を反映した語りを積極的に共有していたことは明らかである（→２０２頁など参照)。

（2）定藤（2011）によれば、グループ・リボンは大阪青い芝の会の前身であるとともに、長期間にわたって両者は併存していた（定藤 2011: 121)。また、角岡（2010: 36）及び大阪人権博物館（2002: 32）も参照。

（3）この記事は、大阪人権博物館が作成した『障害者でええやんか！——変革のとき 新しい自立観・人間観の創造を』に、森修所蔵のものとして、収録されている（大阪人権博物館 2002: 25)。

（4）山下幸子（2008）で「資料３」として収録されている「緊急あぴいる（一九七七年一〇月）」より引用（山下 2008: 222)。

（5）注４「資料３」より引用（山下 2008: 223)。

（6）注４「資料３」より引用（山下 2008: 221)。

（7）山下（2008）におけるFさんの発言（山下 2008: 110)。

（8）詳細は、浜田寿美男（1991）や青山正さんを救援する関西市民の会（2007）など。

第3章

1980年代までの元・学生介護者を中心とした語り

はじめに

この章では、1970年代の後半から1980年代にかけて介護活動に参加してきた元・学生介護者の語りを取り上げる。これらの世代の介護者の多くがX大学で、約80人が定員のX寮に住んでいた人たちである（個室ではなく4人の相部屋である）。いわゆる全共闘世代による大学紛争からは約10年が経過していたが、X大学やその他の大学においては、以下に見ていくように、いわゆる差別問題という角度に重点をおいて運動に取り組む学生も少なからずいた。とりわけ同和問題（部落問題）にとりくむ「解放教育」の影響下で寮生が自らの生い立ちを語り、それを未来や社会につなげていく「生活掘り起こし」が重視されていた。なお、まずは、このX寮の状況を分かりやすくするために、X寮での語りが多くなされたOさん、Mさん、Lさんの語りを先に検討し、その後でQさんの語りをみていく。

1 Oさんの語り

(1)「同和問題は価値観の変革」～森と出会うまで

Oさんは、50代後半（1960年前後生まれ）で、森が住んでいた地域の自治体の清掃工場に勤務している（取材当時）。20代の時に現業職として就職したが、取材当時は管理職として勤務している。もともとX大学の近隣の県の出身である。彼の父も母もともに幼小の頃に、Oさんからみると祖父母にあたる親を亡くしている。父親は造船工場で働き妻とOさんを養っていた。Oさんは高等学校では、「同和ホームルーム委員」となる。「同和ホームルーム」とは、部落問題に関する学びに重点を置いたホームルームであり、Oさんが通っていた高等学校の場合、同和ホームルーム委員になるとクラスを超えて、同委員が集まる会議に出席することになっていた。Oさんは同和ホームルーム委員になるまでは、同和地区に対する差別的な偏見を持つようになっていた。Oさんがそのような偏見を持つようになったのは、父が運転していた自動車の事故が大きく関係していた。父は事故の補償のために、当時同和地区に住んでいた人たちと交渉したことがあり、その際、地区外の人たちの差別的な意見を耳にしていた。同和ホームルーム委員になる前に、Oさんはそれらの話を家庭内で父を通して聞いていたのであった。そのため、同和問題に関する授業が「きれい事」に思えて反発していた。

だが、同和ホームルーム委員となり、クラスを超えた会議で、同和地区の出身者と出会い、無関心な態度をとることが差別だと直接言われたことで、「自分が差別者だという認識」をすることになった。また、彼と真剣に向かい合ってくれる教員に出会えた。その教員とは手紙のやりとりをするようになり、教員からの手紙には「同和問題は価値観の変革」となることが書かれていた。Oさんは、そういった差別意識にかかわる「価値観の変革」が必要だと考えるようになった。そして、自分もまたそのような教員になりたいと思い、教職を志望するようになった。

(2)　「お前の単位と俺の命とどっちが大切なんや」〜大学入学と森との出会い

１９７０年代の終わり頃にX大学へ入学後、Oさんは、X寮の人間関係から様々な学生運動にもかかわってきた。「価値観の変革」の言わば原点ともなった同和問題への関心もあり、先輩の寮生から勧められて同和地区の小学生たちのサマーキャンプにも参加した。そこでは、子どもたちが価値観を変革するような激しい議論の〝突き付け合い〟をする集団主義教育に出会い、感銘を受けた。そして、自分もそのような解放教育の担い手になりたいと思い、大学の「解放研（部落解放教育研究会）」に入った。また、X寮内にも同和地区出身者もいたこともあり、4年生になった頃にはX寮の内部にも解放研（寮内解放研）を作った。

Oさんが入った頃のX寮は、全国的にはすでに学生運動が盛んだった頃からは、かなり時間が経っていたが、運動が盛んで大学と闘争等が繰り広げられていた。そして、森修がX寮にやってきたのも、Oさんが1年生の時のことである。Oさんの語りによれば、こういったX寮内部に存在した運動的な素地と、森がかかわっていた「大阪青い芝の会」の運動の流れがつながったがゆえに、スムーズに地域での森の24時間介護保障等を求める動きにつながった。

1979年に森がカさんに連れられてX寮にやってきてから（→49頁参照）、寮生としてではなく個人としての立場で森の介護をしていたOさんの大学の先輩が、学生介護者をX寮内で集めることとなったが、当初はX寮内で見つかることはなかった。Oさんは、それまで寝たきりで重度の「障害」者に接したこともなかったこともあり、「障害」者差別の問題についても知りたいと思い、介護に入っていこうと積極的に決心した。

ただ、介護に入ると決心した時のOさんの認識では、自分の都合のよい時に森の家を訪問し、そして帰ることができるようなイメージで考えていた。実際のところは、介護に入ることを執拗に求められたりするようになった。この初期の介護体制では人手不足は深刻なものであった。当時の様子をOさんは次のように語る。携帯電話が一般的に使用されることもなく、学生が自分専用の電話を持つこともほとんどない1980年前後の話である。X寮では電話が共用で使用されていた。

Oさん：　最初に寮でね、電話、黒電話［黒い電話が］鳴るんですね。リーン、リーンと、電話当番が取るんです。［寮内放送が入り］「□号室ニさん、ニさん、お電話です」。しばらくすると［再び放送が入り］「××号室、Oさん、××号室、Oさん」。

その時に、［この電話は］「絶対森さんや」。これなんでニさん先バイト行ってるのよー。「えー、俺ほんならこれ、これ、森さん［から］の電話や、これ介護入らなあかんやん」。「はい、Oです。明日英語の授業があって単位が」［と森に言ったところ、森からは］「お前の単位と俺の命とどっちが大切なんや」と。

最後の「お前の単位と俺の命とどっちが大切なんや」は、私がこの界隈で関係者と一緒になる酒場で、森や活動のことを人に紹介する際のある種の定番として、多くの介護者に語られる学生介護者時代の話である。

(3)「試験に通らなかったんが1番です」〜進路の変更

この頃には介護グループ「ゴリラ」が、森の介護に入ることも少なくなっており、X寮を中心として、介護体制が組まれるようになった。当時、X大学同様に（1980年代にもかかわらず）学生運動が続いていた他の大学の場合には、路線変更があり、近隣地域の「障害」者運動よりも学内の運動を重視するところもあった。しかしながら、X大学の場合には、教員を目指す者が多かったことや、解放教育の影響もあり、「障害」者差別の実態から学ぶためという目的で介護に入り続ける寮生も少なくなかった。また、それ以外にも、森の介護に1度入った寮生は、森が置かれている状況を放置することはできないという気持ちもあったようである。ただし、無給で行われる活動でもあり、既述のように深刻な介護者不足に悩み続けることになる。そういった中、X寮内において4年生などの上級生は、在学する最後の1年くらいは介護に頑張ろうという雰囲気が当時はあった。

Oさん：　学校は卒業するけども［森の介護に入らずに］このままほったらかしにするのも、忍びないので最後の1年間は辛抱して入ろうという。そんな雰囲気ありましたね。

介護に入っている学生は皆、森の「障害」の程度が、誰かがかかわり続けなければならない重度なものだと分かっていた。他の卒業生が、卒業と同時に他地域に移り住み、教員等になっていったのに対して、当初、教職志望であったOさんが、大学卒業後、この地域で、清掃工場で勤務しながら残ったのはなぜであろうか。Oさんにその理由を聞いたところ、第1の理由として挙げたものはシンプルなものであった。「試験に通らなかったんが1番です」と。教員採用試験に複数回落ちることとなり――なお、そのこと自体はそれほど珍しいことではない――、「また受験勉強すんのしんどいなぁと」思ったりもしていた。そんな時に、Oさんの父がリストラに遭い、ますます経済的に自立して生きていく必要性に迫られることになった。

公立の高等学校で講師をしながら採用試験を受けていたそんな時に周囲から、森在住の自治体のごみ処理にかかわる現業職の採用募集のことを知らされ、公務員としての採用であるし、受験することとなった。森にそのことを話したところ、森は喜んだらしく、正月明けにOさんの家を探しに不動産屋に行ったりしていたそうである。そのことについて、Oさんは「もう涙出るぐらい嬉しかった」と語っている。

なお、Oさんが森の介護に入った際に、運動をどう進めていくかといった事柄については対等に話をしていた。その際、特に運動論として何か森から学んだというわけではなかったが、介護に入る中で森から突き付けられる経験を通じて学ぶことが多かった。森はたとえ1秒の遅刻であっても容認することはなく、Oさんが遅刻してしまった場合には、遅刻することが「障害」者を危険にさらして寿命を縮めているのだと容赦なくOさんを詰めていた。またOさんのなにげない発言でもその「差別性」を指摘し、自己批判をさせられた。このため、森に対してOさんは本当に怖いと感じていた面もあった。さらに森と外に出かけることで駅の階段や人混みといった環境、そして周囲の人たちの視線について考えさせられることがあり、それらの経験からも大いに学ぶことがあった。

ただ、森が、Oさんのために不動産会社に行ったりしたことや、介護中に忘れた時計を届けるために、Oさんが勤務する山の上の焼却場に、自動車を使わずに車椅子を押す介護者とともに現れたりしたことが、「ものすごく響きまして。なんという人や。この人は、やっぱ裏切ったらあかんなぁ」と思った。

(4)「卒業したらさよならっていう風になるのは」〜続く関係

いずれにせよ、当初の教職志望からは大きく進路変更をしたことであるが、そこで重視されたのは、現業職の公務員にある雇用の安定であった。そのことを語った上で、Oさんは次のように説明している。

Oさん：　どういう理屈を持ってきたかというと、すごい理屈なんですけどもね。あのー、自分も、なんか、そういう職業的な差別を受けるような立場に立って、同じように差別の問題を考えたいと、俺もそっち側からの人間になって、一緒に闘いたいんやみたいなことで、偉そうに［同和地区］出身者に語ったことはある。

Oさん：　なんかね結局、……（中略）……次の道を選択する時にそこ……（中略）……が正しいという理由をいっぱいつけていくわけです。いっぱいつけて納得させるわけです。ほんで今の職業を選ぶんですけども。

このように就職したものの、Oさんの親はごみを焼く仕事に就いたことについて、否定的であった。こういった周囲の語りによってだんだん萎縮してしまうようになる。恥ずかしいと思う自分が出てきた。かつて、自分が講師として高等学校で授業を担当し、教えていた生徒から卒業後、その学校の人権問題に関するクラブ活動の卒業生の会合に誘われたことがあった。その際には、今の自分の職業のことで恥ずかしいので行くのを躊躇するようなことを語った。すると、そのように語ったことに対して、元・生徒からはたしなめられた。

Oさん：　だからね、あのー、ほんまに、自分てそんなに偉そうな人間やないなっていうことに気がついたんですね。この職業をやることで。そうするとなんていうのかな、じゃぁほんならこの自分は一体どうやって生きていこうかというた時に、森さんの介護を通じて、その森さんとかかわることが唯一差別の問題とかかわって［い］る。そこから逃げない自分やなっていうことを確認するために介護入っているんですよ。

かつては、解放教育の担い手となろうと力を入れてきたが教員志望から進路変更したため、解放教育そのものにはかかわることができなくなった。しかし、森とかかわることで自分は差別の問題に取り組み介護を継続しているという語りこそが、これまでの生き方と連続性を保つ生命線であり、自己アイデンティティを語るリソースになっているといえよう。Oさんは「そこは、やっぱりかっこ悪いじゃないですか。学生の時偉そうにいうていてね。ここで逃げてしもたらね」とも語っている。

そして、反差別の視点を持った労働運動のあり方を模索し、都道府県単位にある現業部長になることを目標にしながら、しばらくの間は、組合運動にも熱心に取り組んできた。だが、運動が、賃上げが中心となっていることを目の当たりにして、Oさんは、市の新たな政策を作り出すタイプの建設的なものに着手することにも意義を見いだすようにもなってきた。ごみ処理にかかわる問題への取り組みのために、市民の反対等にも遭遇することがあり、その悩みをしっかり聞いてくれるのも森であった。

今後についても、「森さんが残した解放の家はかかわり続けようかなと思います」と語っている。

Oさん：　なんでかっていうとチとかねツとかね、僕たちの後輩が、やっぱり、そこをやっているでしょう。それはね無下にできへんなぁと。何《なん》かの形で、僕ら卒業したら、さよならっていうのは、あまりにもひどいなぁと［チ及びツは、一般社団法人フロンティアで働いている大学の後輩たち］。

最後の言葉にあるように、今もOさんは、クレヨン・リンク等で、今は森が亡くなった後、解散した介護者グループのＯＢを中心に募金活動などにも責任ある立場で協力している。

2　Mさんの語り

(1)「優等生を演じていたんでしょうね」～子どもの頃の生い立ち

Ｍさんは、２０１７年の取材当時、50代前半で、森の自宅がある地域の近隣市の小学校の教諭（管理職）として勤務していた。後で書くことになるが、もともと教職志望であったわけでもなく、また、大学卒業後は比較的長い間サラリーマンとして勤務した後に、教員となった。

Ｍさんは、同じ西日本ながら、森の居住地からは遠くの県で生まれ育った。小学校中学年の頃に母親に病気で先立たれる。Ｍさんが低学年の頃、母親は病で倒れてから、約2年間、寝たきり状態になっていた。その間、Ｍさんは、病気のためそれまでとは姿が違うようになった母親には、あまり近づくことができなかったと言う。近づけなかった背景には、幼くて死ということがまだよく分からなかったということと、どこか病人とされる人々への蔑みのようなものがあった。だが、Ｍさんが大人になるにつれて、母親に対してそういったかかわりをしてきた自分が許せなくなっていくことになる。

その数年後に一緒に生活をすることになった継母や同居している親戚との関係が上手くいかず、家庭内では喧嘩も多く、中学生の頃には、家にいるのが嫌で深夜徘徊をしたりしていた。学校外ではいわゆる当時、〝不良〟といわれるような行為もしていて、中学校2年生から成績も悪くなり始めたが、もともとそれなりの正義感や真面目さはあり、中学校3年生では応援団長などを務めたりして、学校の中では優等生を演じていた。「ただ表向きは真面目な優等生を演じていたんでしょうね」と語っている。だが、希望する高等学校の入学試験で不合格となり、1年間の中学浪人生活をしてから高等学校に入学することとなった。

高等学校入学当初は成績もトップクラスであったが、クラブ活動に力を入れるようになり、トップクラスではなくなってきた。また、かつて中学校での同級生や下級生が、高等学校ではそれぞれ上級生や同級生となったりしている経験について心の整理ができなかった。さきに書いたようにもともとそれなりの正義感や真面目さがあったものの、やがては、「楽しければいいいか」というような価値観を持つようになっていった。

(2)「ただやる気には、全くなっていなかった」〜介護グループへの形式的な参加

そのような価値観もあってか、高等学校卒業後の進学先は遊べるような都会の大学を考えていた。入学する大学や専攻は試験科目の配点が理由で、教育学を専攻するコースに入った。中学生の頃、正義感も強く教職にも憧れ、教師になりたいと思ったこともあったが、さきに述べたように教職を志望していたわけではない。

大学入学後は本来ならば1人暮らしをしたかったが、経済的事情から大学のX寮に入ることとなる。その当時は、父は療養中で働いていなかった。継母のパート、そして同居している兄弟のおかげで生活がなりたっていた。そのため、私立大学への進学は難しく、国立大学であっても、一般的な下宿生として1人暮らしをさせる余裕がないと聞かされてきた。そういう背景もあり、X寮の存在を知り入寮することとなった。

X寮で最初に入ったのが、4人部屋であった。入った当時に、3年生の先輩がいて体育会系の部活動に誘われた

ので、入ることとなった。続けて、秋くらいからその先輩が入っていた森の介護にも誘われた。X寮もこの時代になると、全員に当てはまるわけではないが、入寮することと、森の介護に入ることとセットにする雰囲気があった。しかも、先輩からの誘いなので断りづらく、なんとなく正義感で行くことになった。

Mさんは、入り始めた頃の介護の段階では、「ただやる気には、全くなっていなかった」という。初回の介護は夜のものであったが、先輩の介護者が寝返りを手伝ったりしていることもお構いなしで、Mさんの方は、一緒に寝た程度のものだった。そもそもMさんの認識では、夜の介護では、森が寝ている時に何かあれば、本人から声でもかかってきて、それから対応するという程度の認識であった。

この当時のMさん自身には、介護活動に対してやる気がなかったが、先輩が聞き取りにくい森の言葉を、一生懸命何度も何度も聞き直していたりする様子に驚いた。先輩が何度も森から聞き直すと嫌がられるのではないかと思ったが、先輩は森の真意を知りたいから聞き返している。それだけでなく、できるだけ聞き返すことが少なくて済むように自分の側も鍛えている先輩もいたことには、カルチャーショックを受けた。

このように入った森の介護グループであるが、体育会系の部活動も忙しくなり、しばらく介護に入ることがない時期が続いた。学年が変わり2年生になってから、運動部の活動については、体力的に辛くなり、やめることとなった。その後は、いろいろ理由を付けて介護に入ることがなくなっていた。しかも、同学年の仲間が何人も一本立ちしていくようになっていくにしたがい、介護グループのメンバーでありながらも介護に入らない自分は、偽善者だと感じるようになってきた。

(3)「自分の差別意識に関してもね。全部吐き出したんですよ」～価値観の変化

そして、2年生の後半になり、X寮を仕切る学年の3年生に近づいてきた時に、上級生からも自覚を持つような促しが増えてきた。また、自分とは違って介護には入り続けてきたものの、その他の部分では、自分と同じように

「チャラチャラ」しているような友だちが、この介護グループの代表になると言い出したことには大きな刺激を受けた。その結果として、先輩と再び介護に入りだした。

ただ、介護に入りだしたものの、X寮から森の家に通うためには距離があり、早起きが必要なため、遅刻して森に怒られたりしたこともあった。また、森との会話の中で何気なく使った表現、例えば、森が乗っている状態での車椅子を「持つ」「運ぶ」と言ったり、ある種の心の状態を「狂う」と言った言葉など森が差別的だと感じたりした表現については、容赦なく注意された。そして、そのたびに考えることも多く、また、言われたことを受け入れてきたと言う。

Mさん：　そういう発言をして、詰められることは、その時、苦しかったんですけど、すごく受け入れられた自分がいたんですよ。ま、「当然やな」って。

Mさんは、「詰める」行為が、決して言葉狩りということではなく、その言葉を聞いてつらい思いをする当事者のことを考えてほしいというメッセージであると、受け止めた時に、考え方も変わってきたと言う。これまでは、「障害」者問題にせよ、部落問題にせよ、当事者の意見を聞くことなく、自分の視点だけで考えてきた。けれども、大学に入学し、X寮に入ってからというものの、「障害」者のほか、被差別部落地域の出身者の人々と出会うことで、彼ら当事者の声を直接聞く機会を得るようになった。彼らから「突き付け」を受ける中で、価値観も変わった。

Mさん：　「俺は、それじゃ生きていかれへんねん」っていうメッセージであったり、「俺はそれじゃ納得できひん」っていうメッセージをね、受けた時に、もう、ガラガラと価値観が変わったのを今でもよく覚えているんです。

そして、Mさんは森に、自分の心の内にある差別意識を全て打ち明けたこともあった。

Mさん：　自分の差別意識に関してもね。全部吐き出したんですよ。森さんに対して。たぶん森さんは、僕自身、僕［を］見限るんじゃないかなーと思ったんです。「そんな奴、もう来んでええで」みたいな。

しかしながら、森は吐き出された内容を、まるごと受け止めて、「でも俺はお前とやっていきたいねん」と言ってくれた。Mさんは、大学に入るまで、大人の前では表向きで優等生を演じてきたりしたため、本音で話をして認められたという経験に乏しかった。これに対して、森の前では、演じるのではなく、差別意識も含めて、あるがままの自分をさらけ出した。そのような自分を受け入れ、承認してくれたのは、はじめての経験であった。なお、森との会話というものも、そういった深刻な問題だけに限ったことではなかった。「障害」のある人との何か特別な会話というよりは、世間話も含めて1人の人間としての親しい仲間との会話が多く、Mさんは、そこに温かさも感じるようになってきた。その上で、森に惚れていった過程を次のように語っている。

Mさん：　そうした時にそういうプライベートな会話も含めて、森修という人の、人間の大きさとか、考えの深さとか、森さんのねー、僕たちのかかわり始めた以前のね、あの活動のこととかを聞きましたし、っていうことを聞く中で、森修自身の人間［性］に惚れていったのかなーていうふうに思いますね。

そして、以上のようなかかわりを通じて、森が伝えたいことも分かってくるようになってきた。

Mさん：　ある時期、森さんと一緒に外出することが多かったんです。そうするとね、僕は森さんとね一体にならないといけないんですよ。例えば森さんの目線に近い形で街を見ますよね。その時に自転車がたくさん置いてあって、ガタガタって不便な町の「障害」者の立場になって見ることもできる。階段を上ろうと思ってもなかなか手伝ってくれる人がいない。で、森さんに対していわゆる赤ちゃん言葉で話しかけてくれる大人が多い。すごい森さんの立場に立てる自分が増えてきたんですー。そうした時に、あ、森さんが伝えたいことってこういうことなのかなぁと、それを俺と一緒にやってくれっていうメッセージなのかなぁと。こういう社会をなんとかしていかないと、森さんは自分だけのために活動していませんでしたからねぇ、それが大阪青い芝の会であったりいろんな活動していましたし、そういうことなんだ、っていうのを肌を感じ始めたんです。

引用の最後にある大阪青い芝の会については、Mさんの時代では、『母よ！　殺すな』（横塚晃一著）なども早い段階で読んでいたりした。それらは読んで当たり前という風潮もあり、森の家で森がそれに関する感想を単独あるいは複数の介護者に求めたりすることもあった。ただ、何か勉強会のような形で青い芝の会に関する文献を検討するということはなかった。

月日も経ち、在学中にやがて、「一本立ち」（→67頁参照）をするようになり、その後は、他の介護者がたどった道と同じだとMさんは説明している。それは、森にかかわり続けた人たちが共通に持っている物語を何らかの形で説明しているようにも見える。

Mさん：　そこからはまぁ他の人がたどったようなパターンですかね。一本立ちをしたことで、やっぱり……（中略）……僕が認められたいと［思う］森さんに認められた。ある程度ね。後は……（中略）……こんな俺を認めてくれたっていうことに対して、応えていかないかんなあっていうところで、ずっと行った［んだ］と思うんです。ただ、それかて　１００％ではないので、多分森さんが１００％僕を信用してくれたわけではなければ、僕が今１００％森さんに応えられ［て］るわけでもないから、それはこれからの人生でずっと積み上げていくしかない［ん］やろうなぁ、て思ったんですよ。だから例えば、卒業しました＝《イコール》「介護卒業」じゃぁない、という風に思ったんです。

(4)「僕からそれ［介護］を取っちゃったら」～サラリーマン時代と教員時代

このような思いから、大学を卒業後、企業に就職した後も、Mさんは森の介護グループのOB枠で介護に入り続けた。その関係は、卒業して数年後に関東地方に転勤となっても、「長期枠」という、春休みや夏休みに入る枠で活動を続けてきた。

続ける理由については、1つには自分を育ててくれた森への「恩返し」という側面もあったという。そして、「僕からそれ［＝介護］を取っちゃったら、たぶん、また昔のアナーキーな自分に戻ってしまうのかなという気がして、1つのバロメーターにもなってましたね」というように、自分を維持するための大切な指標でもあった。バロメーターとしての介護というように、自分を維持、自分をつくるという側面とともに、一部のほかのOBに対する思いもあったようである。

そもそも、基本的に森の介護グループは、現役生の介護者主体で運営されて活動をしていたが、夏休みは帰省や部活動の合宿等で、現役生が介護枠に入れなくなる。このため現役生は、学年ごとに分担してOBに電話で介護枠に入ってもらうためにお願いしなければならない。入ってくれるOBが見つからなければ、現役生は合宿等に行けなくなってしまう。だが、入れそうなOBであっても入らないOBが少なくなかった。それに対して、Mさん自身はそういうOBにはなりたくなかった。そして、他のOBに対しても、自分のように一般企業に勤めていても介護に入り続けることができるということを示し続けるという意図もあった。

大学卒業から20年近くが経ち東京から「長期枠」で介護に入っていた頃、企業の仕事においても一区切りついたことを機に、教職を目指すこととなった。教職を目指すきっかけとなったのは、自分の子育ての経験であった。小学校、中学校の子どものスポーツ活動の支援をする中で、自分の子どもだけでなく、他の親ともつながることで、他人の子どもの様子も見ることができるようになった。その中で、かつて教職を志望したことなども思い出されて、もう一度、教師の道を目指すこととなる。

東京から引っ越し、教師となって住む場所などは、やはり森の介護に入りやすい場所を中心に考えた。会社を退職直後に受けた採用試験は不合格となり、森にも40歳を過ぎて無職になりそうだと弱音を吐いた。その後1年契約の講師として採用されることとなった。翌年の採用試験では合格し、教諭となって森の住む近隣市の学校に勤務することとなった。

3 Cさんの語り

(1) 尊敬する人は「レーニンです」～子ども時代の貧困経験と社会主義への期待

Cさんは、取材当時は一般社団法人フロンティア（→63頁参照）の理事長であった。フロンティアは、生活介護事業所としての「解放の家」を運営し、居宅介護や重度訪問介護などの事業も実施している。1960年代後半生まれ、取材当時は五十過ぎであった。もともとは、工場労働者の夫婦の子どもとして森と同じ大阪で生まれた。小学校に入る頃には父親と母親の仲が悪く、小学校低学年の段階で母親が妹を連れて家を出て行った。父親は料理を作ることはなかったため、幼いながらCさんは、朝食では、自分の分のほか父の分もパンを焼き、昼は学校給食を食べて、夜は父の知り合いの喫茶店に寄ることになっていた。そこで、ピラフやスパゲティを食べていた。また夜中にお腹がすいたときには父と住んでいる社宅に営業に来る「夜鳴きそば」の店主にごちそうになることもあった。やがて、父親は寝込んでしまい、小学校2年生の3学期から他府県にある父親の実家に父と息子の2人で引っ越すこととなる。

父の地元に帰ってからしばらくは、父が寝込んでいるため、Cさん本人は、父の兄の家、妹の家などを転々としながら小学校に通っていた。もともと父親も怒るときには、すぐに手を出したり、しつけも厳しかったりしたこともあり、この頃にはすでに大人の顔色をうかがうようになっていた。このため、Cさんは、朝と夜はご飯を食べさせてもらいながら、こんなに美味しいものは食べたことがないですと言うようになっていた。Cさんのそういった態度について、父はCさんに十分な食事を与えていないように見えるので、兄妹に〝恥ずかしい〟とCさんに叱ることもあった。やがて、Cさんの妹を連れて出て行った母親が父の地元で合流し、親子4人で住むようになる（のち祖母も一緒に住むようになる）。

そして、母親が帰ってきてしばらくは母親が働き経済的に支えていたが、田舎に帰ったのが良かったのか、父親も徐々に元気を取り戻してきた。やがて、父親は昔、工場で働いていた時に取得した資格等を活かして、電気工事に関する自営業をすることになるが、すぐには軌道には乗らず、貧しい状態はしばらく続いていた。

学校での様子については、父の地元に帰る前は、学校での成績も良く、スポーツもできたリーダー格的な存在であったという。しかしながら、父の地元に転校してからは、大阪の方言と地元の言葉の違いもあり、当初は苦労した。やがて学校での成績が良かったということも大きく影響し、学校では明るく楽しく過ごせるようになった。学校の成績が良かったのは、母親が成績を気にしていたこともあり、家ではあまり勉強はしないものの、宿題はきちんとこなし、授業はしっかり聞いていたことも関係している。そして、中学校の3年生までは学校の成績も良好で、学級委員のほか、剣道部でも主将を務めたりしていて活発であった。

経済的に貧しい状況下、彼に希望を与えたのはキリスト教の流れをくむ宗教と、貧富の格差がないとされた社会主義の理想であった。もともと本を読むのが好きであったために、聖書のほか、当時は存在していたソヴィエト社会主義共和国連邦についても勉強した。そして、高等学校の入学試験の面接で、尊敬する人物について質問された際に、レーニンであると回答していた。

中学校3年生の頃が学業成績や人間関係なども「ピーク」となり、高等学校はいわゆる進学校に進学した。だが、高等学校に入ってからは家庭環境の変化から「へこんでしまった」。当時、父は電気工事の自営業を続けており、母も仕事を手伝い、また、Cさん自身ももともと中学校の頃から手伝うようになっていた。だが、高等学校に入学する頃には、父の会社も不渡り手形を受け、従業員を辞めさせざるを得なくなった。その結果、Cさん自身も、土日のほか、夏休みもずっと仕事の手伝いをせざるを得なくなった。そして、夏休み明けに剣道部に復帰したところで、剣道がかなり弱くなってしまって続けられなくなった。

結果として部活動をやめるのだが、自分が部活動の練習を休むのが、家庭の事情で仕事を手伝わなければならないといったことが恥ずかしくて友達に言えなかった。そのため、「いややねん」「いらんねん」としか友達には言えず、交友関係も疎遠になってきた。自分の弱みを見せたり、見透かされたりするのも嫌で、内面を表情に出すことができなくなり、笑うこともなくなってきた。やがて、学校での成績も下がるし、学校に行くのも面白くなくなってきた。

こういう中で、当時のテレビ番組『3年B組金八先生』に出てくる先生のような人がいれば自分ももう少し交友関係や学校でうまくいけたのではないかと思うようになった。そういう経緯の中で、将来の仕事として教職を目指すようになってきたという。そして、いざ進学を意識したときの行き先としては、今いる父の地元ではなく、誰も自分のことを知らない土地、幼い頃過ごした大阪にある大学を考えたという。

ただ、父は自分の仕事の手伝いをさせることや、経済的な事情から、Cさんの大学への進学に反対したという。そこで、Cさんは大学のX寮に入ることを考えついた。当時の国立大学は授業料も現在ほどは高くはなかった（Cさんが入学した頃の1985年の国立大学の授業料は、年間25万2000円、入学金が12万円であった）[1]。大学のX寮で生活をすれば食費や学費も全て、自分のアルバイトでまかなえることが分かった。Cさんは父に、進学後に予想される自分の学費や食費に関する計画を紙にまとめて、父に土下座して、1校だけ受験させてもらうように頼み込んだ。そして、もしも不合格であったならば、家の手伝いをすると約束した。それからは猛勉強し、大学に合格し、進学することができ、X寮に入って大学生活を送ることとなった。1980年代中頃のことである。

(2) 「何でも来いの時の状況でした、スーパー・ハイになって」～大学生活への期待

大学では当初、剣道部に入るつもりであったが、入学直後の健康診断の際に、在日朝鮮人教育研究会（以下、本章では在朝研）に入っている上級生から、声をかけられた。その学生自身が、在日コリアンで、会ったばかりにもかかわらず、Cさんに自分の家庭をはじめとする身の上話をすることに驚くとともに、Cさん自身の生い立ちもそこに重ね合わせるところがあり、その学生に惹かれるようになり、その研究会に入ろうかと考え出した。その学生が寮長と知り合いだったため、情報を知った寮長が、学生寮とは地方から貧しい家庭出身の学生が集まるところなので、そういった寮で人権問題にかかわることはとても重要なことだと話をして、Cさんにこの研究会に入ることが重要であると入会を勧めたこともあり、研究会に入った。

X寮では、Cさんの先輩で「障害」のある学生がいた。また、X寮の先輩たちが、いわゆる同和教育推進校での実習などを通じて、同和教育の方針を取り入れる中で「しんどいもん中心［しんどい者を中心］」にする方針がX寮では常に強調され、その先輩を中心に寮は運営されなければならないと言われ続けて来た。(2) 何度も強調される中で、Cさんも「障害」者の問題について考える必要性を感じていたタイミングで、5月頃森がX寮に、講演のためにやってくることになる。

また、その段階のCさんの様子を、自身は次のように語っている。

Cさん：　とにかくね、大学に入って僕は生まれ変わらないといけないと思っていたのです。高校の時にへこ

みまくっていたもので。だから大学に入って、「いい先生にならなければならない」というのがまずあったもんで、で、素直に人権のことも考えなあかん、だから、在朝研入ったし、寮の中に［被差別］部落出身の人がおったし、部落問題を考えなければならない、概論［部落問題概論］を受けなくてはならない……（以下略）……。

その上、大学の学祭や自治会活動などにも積極的に参加しようと、「何でも来いの時の状況でした、スーパー・ハイになっていて」という頃に、森とX寮で出会うことになった。X寮での森の講演会では、森自身の言葉を理解することは難しかったが、一番前でかぶりつくように、見て、聞いていた。講演をしている森の側でも一番前で熱心に聞いているように見えたCさんのことが気になって、介護グループのメンバーにあの学生を連れてこい、という話になった。そして、現在になっても、同世代で寮生をしていた誰もが怖かったと口にする、ある先輩が、1度、森さんのところに来ないかと声をかけてきた。その先輩が怖いということもあったが、興味もあったので行ってみようということになった。

森の家に行った初回は、挨拶程度であったが、すぐに木曜日の夜枠、すなわち宿泊の伴う介護に入ることとなった。木曜日の夜の介護は、非常に大切であった。当時、大阪青い芝の会の会長をしていた森にとって重要な会議が毎週開催されていたため、森は家からは電車も使いながら1時間程度はかかる離れたところに、出かけなければならなかった。木曜日の夜はその会議の場に森を迎えに行くところから始まった。会議終了後の森を電車で家まで送り、途中の乗り換えのためには高い階段を、エレベータがないため周囲の人々に声をかけて下りていく必要もあった。森の家に着いてからは、遅めの食事をしてその後、トイレ（大便）、そして風呂介護、それから寝返りの支援なども行いながら、朝を迎えることとなる。とてもハードな枠であった。

そもそも、Cさんはスキンシップが苦手で自分の母親ともスキンシップをした記憶があまりなかった。そんな状態であったが、風呂介護の中で森と一緒に裸となって肌と肌が触れあう関係になるというのもそうとう衝撃だった。

しかしながら、徐々にそれにも慣れてゆくことになる。

そして、「一本立ち」に関しては、Cさんによれば、若い頃の森の一本立ちの認定は比較的早かった。Cさんも一本立ちをして、自覚が高まって、介護活動をしっかりとやらなければならないと思うようになった。しかしながら、長続きはしなかった。「スーパー・ハイ」な状態が続き、在朝研での活動にもさらに力を入れて、その上、夏休みも在朝研のかかわりで、子どもを対象とした活動に専念していたため、森の介護に入ることができなくなった。

(3)　俺は「お前の気持ちの介護したる」～森からのケアと大学中退

久しぶりに介護に入ったところ、ブランクのせいで森の言葉を聞き取ることもできなくなって、森からは介護を実際に行うのではなく、「2軍落ち」を宣言された。この場合の「2軍落ち」とは、介護者ではなく、「訪問」という形で1ヶ月に1度程度、森の家を訪問するといった意味である。実際に森の介護をすることができなくても、そのような形であれ、森にかかわり続けた理由で最も大きなものは、「寮で浮かないため」であった。森に対する思いもあったが、この頃は、「障害」者の問題というのは、自分が関心を持っている人権問題という大きな枠組みの中の1つであり、しかも「障害」者の問題といった場合、森よりは、先にふれた同じ寮で「障害」のある先輩とのかかわりで考えることが強かった。

Cさんが大学生だった1980年代中頃から後半にかけての当時は、日本で在日コリアンの指紋押捺拒否の運動等が盛り上がってきた頃でもあり、やがてCさんも、在朝研ほか学生運動で、都道府県や全国の委員会にも出るようになり、1つの大学を超える範囲で、力を入れるようになってきた。同時に、大学の授業にも出席しなくなり、単位修得もできず、やがて留年や休学をするようになる。学生でありながら、まるで職業活動家のようになり、やがて卒業する見通しも意欲もなくなってきた。教員を目指して大学に入ってきたが、そのための単位の修得の見込みも当然なくなっていく。

れければならないほど、忙しくなっていた。そんな状況のCさんと森には次のようなやりとりがあった。

「2軍落ち」が解けてもと通りの介護をするようになってからも、学生運動のレジュメを介護中にも用意しなければならないほど、忙しくなっていた。そんな状況のCさんと森には次のようなやりとりがあった。

Cさん：　すごい［＝すごく］まぁ、覚えているのは、ものすごー［＝ものすごく］お前［＝C］［は］能力主義やと、何でも出来なあかん、頑張らなあかんてー、頑張っている。その能力主義っていうのが、その「障害」者と真逆のことで頑張っている、やってるって。だから、例えば、まぁ介護入って、入ってるみたいな偉そうな顔してるけども、お前、多分、中途「障害」になったら、あのー、自分を悲観して、自殺ぐらい、するぐらい、あのー、ほんまアカンでって、ていうのを言われてたりとか。

森は、Cさんが、介護活動にもかかわって「障害」者問題にかかわっているつもりかも知れないが、今やっている学生運動へのCさんのかかわり方がまさに能力主義でしかなく、態度が矛盾していることを指摘し、非難したのである。そして、介護中にはレジュメを作ることを禁止された。学生運動の準備等で、悲惨な顔をしているCさんに森は、次のように語った。

「お前は俺の身体《しんたい》の介護しにきている」が、俺は「お前の気持ちの介護したる、だから来い。だからお前来なあかんねん。そのまま家《うち》にけえへんかったら［来なければ］、大学だけでやっていたらお前そんなん死ぬって」と。

ただ、その身体の介護の方も、介護枠当日は下の学年の後輩が一生懸命やってくれるようになったため、森には心を癒やしてもらったり、新聞やテレビのニュース番組をもとに政治や社会問題についていろいろ議論したりすることが増えた。そして、森がそのような議論をできるのは、君とタさんなので貴重なものだと言ってくれた。

1990年も近づき大学生活も5年目になった頃に休学を経て中途退学することとなった。大きなきっかけとしては、大学の先輩で、解放教育で有名な学校教員のチさんが、学生運動にのめり込んでいるCさんを呼び出して、その教員の家で飲みながら対話した際に、退学を迫ったことである。今、この大学で学生運動がうまくいっているように見えるが、それはCさんが、自らの体調管理を犠牲にしながら必死になって頑張っているからだけであって、後輩たちが運動を通じて成長はしておらず、運動の発展としては邪魔になっているという趣旨のことを言われた。そして、極端な話であるが、退学を勧めた。Cさんは酔っぱらっていながら、最初は反論していたが、やがて大学中退をすると意思表明するようになった。

(4) 「10年後に、あんな時もあったなぁって」～病気の経験と回復

20代も中頃近くになり、大学を中途退学することを表明したその場で、退学を迫った教員のチさんが、森の家からは車で高速道路を使わず1時間程度離れたところにある部落解放同盟の支部に連絡を取り、Cさんをアルバイトで雇用するように斡旋してくれた。そして、大学中退後は、そこでアルバイトをしながら生活することになったことを、森に報告したところ、森は非常に驚いた。実は、森の方でもすでにCさんの進路を気にしていたようで、すでに知り合いの会社に、Cさんが大学中退をした際、面倒を見てもらうための手はずを整えていたのだ。結局、せっかく森が頼んだ方を断らざるを得なくなり、森は気分を害し、これ以降、Cさんとは疎遠な関係になり、Cさんも、それから1年間は森の介護に行くことはなくなった。

Cさんは、教員のチさんが斡旋してくれた、近隣地域の長屋に住むことになった。だが、この段階ではすでに体調を崩しており、朝も起きることができなかった。そして、出勤しても特に重要な仕事が与えられず、それまでの学生運動のようなやりがいも感じることがなく、遅刻や欠勤も続くようになった。ついには、その長屋の家に引きこもるとともに、チさんが心配して、精神科に通うようになり、そのアルバイトも開始から1年弱程度で辞めた。

心配したチさんは、引きこもっているCさんに、教職員組合の事務所のアルバイトを紹介してくれることになった。チさんは、Cさんがアルバイトをするにあたって、Cさんができる小さなステップとして少しずつできる課題を出し、Cさんは徐々にではあるが、調子を取り戻してきた。また、住んでいる長屋の人たちもCさんのことを心

配して、かかわってくれた。そして、部落解放同盟の支部のある人が、自分の兄も自律神経失調症だったと言って、本を貸してくれたりした。その本にも回復のヒントがたくさん書かれており、今は辛くても10年後に、あんな時もあったなぁって言うて振り返ることができるようになるときは絶対来るから、今はできないことをそのまま受け入れて、少しずつ進めばいいのではないかという趣旨のことが書かれていたし、本を貸してくれた人もそういう話をしてくれた。そういったヒントをもとにCさんはさらに回復していくこととなった。

ちょうど、そういったタイミングで、現役の学生介護者から森の介護に入ってほしいという相談を受けた。学生の帰省等による介護者不足を補うために社会人が入る長期枠のために、学生からOBにいくつか入ってくれるように依頼をすることになっているのだ。体調も回復してきたので、年に1、2回であるが、学生の長期休暇中などに森の介護に再び入ることとなり、森との信頼関係も取り戻すようになってきた。

(5)「社会運動ができる立場に立つのにどーしたらいいのか」～社会運動と仕事の両立

その後、アルバイトの斡旋で世話になった教員のチさんから、また別の仕事を紹介してもらい順調に働き出し、一定の収入も得ることができるようになってきた。1990年代の中頃、20代の後半にあたるその後数年間は、地方議会の議員事務所や中小企業支援の事務所などの職を経験しながら、学生の頃のように自分がどのように社会運動を続けることができるか考え続けていた。

Cさん：　僕ずっと思ってたのは、どう、自分が、その、ありていにいえば、社会運動ができる立場に立つのにどーしたらいいのかなっていうのが、学生の頃から悩んでいたので、……（中略）……この時に思ったんですが、自営業になったらお金と時間、お金を稼いで自分で自由に時間ができるぞ。ので、この時間活動できるって思ったんですよ。

社会運動と収入を両立させるためにCさんが着目したのは、社会保険労務士（以下、社労士）として自営することであった。社労士が労働者の味方となり得る側面に惹かれるとともに、自営業としてお金と時間を自分の裁量で使うことができ、社会運動と両立できると考えた。ただ、社労士の資格を得るためには大学の一定以上の単位修得が条件とされているが、大学を中途退学しているCさんにはその単位が不足していた。受験するためには、通信制の大学等で必要単位を満たさなければならなかった。

Cさんが、どうしようかと悩んでいると介護中に森に言ったところ、森の知り合いで何か役に立ちそうな情報を持っていそうな社労士がいるので、紹介すると言われた。その場で紹介されて、その人に電話して話すことになった。社労士ではなく行政書士の試験ならば大学の単位等は修得せずに受験資格があるということと、行政書士の資格があれば社労士の受験資格が満たされるということが分かったのだ。そこから早速、数ヶ月間、働きながら猛勉強することで、行政書士の資格を30歳前に取得した。１９９０年代の後半にさしかかっていた。続けて社労士の資格取得も目指して勉強したが試験結果は不合格となった。

ちょうどその頃、新たに住む家を探していて、そのことを森に話したら、森が最近気に入って購入した家を光熱費だけでいいので住んでみてはどうかと提案された。大学を中途退学した際の、就職先の斡旋で、１度、自分が裏切ったことになる森と一緒のこの地域に住むというのも何か面白いものを感じた。自分より数年先輩で、森と一緒に地域で活動している先輩に引っ越すことを言ったら、昔みたいに運動が盛んではなくなったこともあるし、いろいろな活動をしてきたCさんならば、物足りなくて、がっかりするのではないかと警告された。だが、結局、引き続き社労士の資格取得のための勉強をしつつ、近所に住みながら運送業のパート仕事を調整してここで住むようになった。そして、月に1回の宿泊介護枠で介護を行うようになった。

その後は、金融機関から融資を受け、自分で行政書士の事務所を開業し、これまでの仕事のキャリアや人間関係等を活かしながら、開業後1年くらい経つ頃には行政書士の収入だけで生活することが可能になってきた。その後は、社労士の資格を取得することがなかったが、行政書士事務所は元・学生介護者で、すでにこの地域で森とともに運動を継続していた自分の先輩にあたる人も雇用するほどに成長するようになった。

これ以降、行政書士の仕事とともに、森らと活動を共にしながら、2001年には「『障害』者が当たり前に生きることのできる地域」という理念を掲げるNPO法人あとからゆっくりと、のち、2011年には一般社団法人フロンティアを立ち上げることになった。

4 Lさんの語り

(1) 「私立大学は1つも受けていないし、国公立しか無理」～大学に入るまで

Lさんは、現在、公立小学校教員として部落問題学習をリードし、学校での実践とともに、著書や、研究会の主催、講演等を通じても活躍している。取材当時は50歳前後（1970年前後生まれ）であった。もともとは森と同じ大阪に住んでいたが、親の仕事の都合で大学入学当時にはかなり遠方の県に住んでいた。家庭の経済的事情のため「私立大学は1つも受けていないし、国公立しか無理って［親から］言われて、で、下宿も無理」ということで、X寮に住むしかなかった。この当時の国立大学の学費は現在と比べると非常に安く、またX寮での生活費用も格安といえるものであった（1万数千円で、朝夕の食事もあり、風呂にも入ることができた）。

Lさんの母親が教員を目指していたが経済的事情のため、大学に進学することができなかったということもあり、母親からは将来の職として教員を奨められていた。そして、そんな中、自分自身もまた、いい教員に出会ったり、見本にしたくない教員に出会ったり、自分自身はどういう教員になりたいか等、考えたりするようになっていた。しかし、教員を目指すことになった一番の理由は、転勤のない仕事ということが魅力であると今回のインタビューでは語っていた。Lさんの父親の仕事の関係で転勤が多かったことが関係している。中学校3年生の頃には、当時住んでいた大阪で志望校も決めていたのにもかかわらず、高校受験の1ヶ月前に遠くの他府県への引っ越しをすることもあり、かなり苦労した経験がある。そして、高校生当時は遠くに住んでいたものの、自分が子どもの頃育った森が在住の関西の国立大学に進学し、X寮に入り、教員を目指すこととなった。

(2)　「これって〝しんどぃもん比べ〟してんなぁ」～自治寮での生活

Lさんが入学した段階では、X寮の運営は同和教育の影響もあり、先に述べたような「しんどいもん［＝しんどい者］」を中心に考えられてきた（↓89頁参照）。そして、Lさんが入学した頃のX寮には「印取り」という習慣が存在した。1年生はX寮に入って、最初の1ヶ月間で2年生以上のX寮の先輩の話を聞き、生い立ちを聞くとともに自分も話をして、相互に分かり合ったら先輩に押印をしてもらえる。その慣習を「印取り」という。しかも、それをしなければX寮を追い出されるという話になっていた。その結果、次のようなことが分かってきた。

Lさん：　それまで自分のことなんて見つめて語ったことないのでー、強引ですよね。語らされるっていう。でもそのおかげで、いろんな人がここにいるんやていうのがわかりましたよね。

同時に、当時のLさんによれば、自分と他の寮生との間で「しんどいもん［＝者］比べ」のようにみえたこともあったという（＊は筆者）。

＊：　Lさんとしてはこう、そういう生い立ちを聞いて自分と比べてそういうことで何か葛藤とかどんな感じやったんでしょうかね。

Lさん：　あの時は、これって〝しんどいもん比べ〟してんなぁって思［っ］たんです。あいつは俺よりしんどい、あいつよりは、俺そんなしんどないなぁとか、俺よりあいつ全然しんどくないなぁとか。

当時、まるで入寮とセットのようになっていたかのようにみえる、森への介護については、Lさんも最初から積極的であったわけではない。当初は何度も誘われながら断り続けていたという。X寮での会議は、夜に行われることが珍しくなく、当時は、金曜日の夜10時半から、寮で介護者会議が行われていた。同じ部屋になっていた先輩たちはみんな介護者会議に出ていた中、Lさんは1人、部屋で過ごしていた。先輩からは「お前何してんねん、［介護者会議に］来んかい」と言われながらも、ごまかしたりしながら、逃れ続けてきた。

ところが、夏休み前のある日の夜、Lさんが部屋で先に眠っていると、先輩に身体を揺さぶられて起こされた。起こしたのは、X寮の同じ部屋で生活している先輩で、X寮で一番怖いといわれていた人であった。「お前、夏休み行くって言ったよな。8月2日の昼間空けておけ。そこにお前の名前を入れたからな」と言われた。ここまで追い詰められるともはや逃げることができず、ついに介護に入ることとなった。

(3)　「あ、ここに来たら何かあるぞ」～森との出会い

8月2日に別の先輩に連れられて、森の家に行くことになった。夏休み期間中はOB枠といってOBが介護に入ることも多かったが、OBと先輩とLさんが森の家にいた。ほぼほぼOBと森の会話だけが繰り広げられていたことに驚いたという。しかも、大学のX寮から遠方にある森宅までの交通費も自己負担であったが、自分の昼ご飯のために近所の弁当屋で買う際にも代金も先輩が出してくれることもないことにがっかりしていた。

昼食後は、先輩は留守番となり、ＯＢと森、そしてＬさんででかけることとなった。行き先はＬさんが初めて入る解放会館であった。解放会館でこの日行われていたのは、別の介護者ＯＢの結婚祝賀会であった。地域の様々な運動団体、労組からも参加があり、また、お相手の方には「障害」もありと、Ｌさんにとっては非常に刺激的な経験となった。森の介護活動をしていると、健常者と「障害」者の区別といったハードルを乗り越えることができるようになるということに感銘を受けた。今日はこの場に立ち会わせてもらっただけでもラッキーであったとその日は考え、ＯＢに話をした。それが関係してかどうか分からないがＯＢはその日の帰りに「１００円ラーメン」というのをおごってくれたそうである。

今まで断り続けてきたが、このような出会いを通して「僕の中では、あ、ここに来たら何かあるぞっていう、ちょっとした期待」が生まれた。初日、帰るまでには、２週間くらい後の日付で次の介護に入ることを森と約束し、早く「一本立ち」をしたいと望むようになった。なお、Ｌさんの場合、一本立ちは早かった。２ヶ月後には「一本立ち」をしている。

Ｌさんは森に特に「詰められる」ということはそれほどあったわけではなかったが、森に振り回されるような経験は在学中にあれこれしていた。ある日、朝9時の介護に入るために、遠くのX寮から森の家へと後輩と一緒に、余裕を持った時間帯で電車に乗ったものの、腹痛を感じ、途中で下車をした。後輩に先に森の家に行ってもらったが、Ｌさん本人はわずか3分程度遅刻した。謝っても森は口を利かなかった。

Ｌさんは「ほんますみませんでした。わずか3分とはいえ森さんの命の保障できませんでした、ごめんなさい」と言ったら、「お前、謝って済むと思ってるのか」と森に言われた（「命の保障」という言葉遣いは、人によっては大げさに思われるかも知れないが、少なくとも関係者の間では、類似した表現を聞くことが少なくない。例えば、3分遅刻した介護者は、森を3分殺したというような言い方をされる）。とはいえ、Ｌさんの今回の場合には、前日には酒を飲まないように心がけていたりした上での、生理的な現象である。Ｌさんがこれは生理的な現象なので仕方がなかったと説明しても、森は「介護者はそういう生理的なものも含めて健康管理せぇ」という趣旨のことを発言したりして詰めていく。

また、森が新幹線で遠方に行く時に、森の目的地の近くに実家のあるLさんに声をかけてくることもあった。帰省ついでにLさんも新幹線に乗ったものの、Lさんが新幹線料金は途中までの分しか持ち合わせていなかったため、森からは途中で下りるように指示を受けたりした。これに関してLさんは「なんかねそれでもね、それでも、ちょっと行こかなって気にさせられるような1つ魅力もあったんですよね」と語っている。

他の介護者にもあったことだが、ちょっと来い、行こうというといった強引に連れて行かれたりした際に、大きな社会運動団体の重鎮ともいわれるような人と出会い、その人と2人きりになって話す機会をつくるようなこともしていた。そういった形で人が育つための機会をもうけるという手法は、Lさんも現在の仕事で行っている。

LさんはX寮では寮長をし、寮全体の運営に携わるとともに、学外においても森や森が関係している運動団体にもかかわっていった。いわゆる学業に専念していなかったため、当初は単位の修得状態は芳しくなかったが、ストレートに4年で卒業した上に、教員採用試験にも1度で通過することとなった。

(4)「何かの時に1番に駆けつけられる」～教員としてのスタートと森

卒業する直前に、X寮で仲間との信頼関係を見つめ直すようなことがあり、卒業後もX寮から職場に通いたかった。しかし、X寮の制度上、また先輩から先例をつくるなと言われていたこともあり、それは無理な話であった。心配した森は、自分の妻が緊急時に使うことができるアパートの1室があり、家財道具がそろっていて、そこに住むように促した。森の妻は森が説得するという。結局、卒業後の数ヶ月は、そこを新居とし、住むことになった。初任給も出るようになって、数ヶ月後には同じアパートの2階に住むようになった。その際にも、森は、テレビやベッドなどの家財道具をLさんに譲った。

1990年代初頭の話である。ただ、Lさんが配属された学校は、あまりにも新居から遠かった。片道2時間かかるものであった。

Lさん：　職場の先生らは、なんでそんなに2時間もかけているのって言うから、「いや、学生時代から介護している『障害』者が四條畷にいて、僕にしてみたら、いざというときに1分かからんと、駆けつけたい人なんで、こだわってるんです」っていう話をしたら、「いやいや、でもそれでも2時間かけて通うのってどうなんって、仕事に支障あるやろ」って何回も言われて、いくらでもこっちでアパートでも何でも探したるから引っ越してこいと。

そして、ちょうど職場内で「障害」者問題がクローズアップされてきたこともあり、Lさんは「これって……（中略）……遠く離れていた、2時間かけている職場やけども、遠くにいることで森さんの話ができているなと思ったんです」と語っている。つまり、森との日々のつながりが仕事にもかかわるというメリットもあった。

このように、仕事とのかかわりの他、先に見た住居の世話、家財道具といった事柄について「恩義に感じていたこともあった」と語っている。しかしながら、Lさんにとっては、森の「何かの時に1番に駆けつけられるというのと、何かなくてもすぐ行けるところにいたい」という理由からも森の住む町に住んでおきたかった。

(5) 「〇〇高校に車椅子の轍をつけようぜ」～地域における森との近所づきあい

やがて、森との関係も従来のように、遠くから介護に来ている、という関係よりは、地域で面白いことを一緒にできる人とのつきあい、すなわち近所づきあいに変わった。そして、森は、近所づきあいのある人の1人で、介護も必要な人に過ぎず、そういったつながりが社会に広がればいいのではないかと考えるようになった、という。実際、Lさんは、森の介護活動に自らの子どもも連れて、子どもも森の指示に従って支援を行ったりすることもあり、Lさんの子どもはみな、森の言葉を聞き取ることもできる。

その他、この近所づきあいを象徴的に表すのは、本書冒頭にもみたが森を中心としたソフトボールチームの結成である（→v頁参照）。もともと森は野球が好きであったが、部屋の中でちょっとボールやバットを使って遊んだことはあっても、グラウンドに出て野球をしたことはなかった。伝統があり地域で有名な〇〇高校のグラウンドに入ってみようとしたこともあった。しかしながら、入ってはいけないと言われたこともあったらしい。Lさんは「それならば、「〇〇高校（のグラウンド）に車椅子の轍をつけようぜ」と言って、みんなで森の車椅子の轍を残してやろうという話になった。

地域に住んでいた介護グループOBや現役メンバーを中心に、ソフトボールチームが結成された。当初は、自分たちでやっていたが、やがて地域のソフトボール連盟に加盟することとなった。試合の抽選会には、車椅子にいる森が指示を出しながらクジを引くと、その場にいた他チームの人びとが驚いたりしていた。さらに、試合では森の声をLさんが聞き、それをサインにして、選手に指示をしていて、周りを驚かせた。

試合は〇〇高校でも行われて、ついにそのグラウンドに森の轍を残すこともできた。そして、もともと、ソフトボールなどを日頃からやっている教師も少なくなく、ここでやっていることの意味を残そうということで、練習も熱心に行い、優勝することもできた。Lさんは、森とこのように道楽を楽しむという関係は、もはや「障害者と介護者」という関係ではなく、近所づきあいであると語っている。ただ、森とのつながりは、他の「友達」や近所づきあいとは若干ことなるところもあり、Lさん自身の学校での教育実践に森にかかわってもらったり、森のネットワークを利用して人を紹介してもらったりしたこともあった。

Lさんの場合には、特徴的ともいえるかも知れないが、森や森の妻がLさんを引きとどめようとしたという面がある。もともと学生当時から森がかかわっていた運動等で複数の役割へと森によってLさんに指名等がなされていた。また住居に関しても、上のような森が自分の妻のために用意している1室を使わせたりした。また、のちに同じアパートの2階に住んでいたが、その段階で、OBの代表を務めるように森から指示を受ける。OBの代表はO

Ｂが介護者として入る枠（主として土日、祝日）の連絡調整等の業務を日常的に行っている。Ｌさんが結婚とともに引っ越しする際にも、森の妻が不動産を紹介しようとしたり積極的に働きかけたりしていた。

⑹「俺の葬式はお前が仕切れよ」～病気の経験と〝最期〟の介護

以後、自らの病気で辞退するまで９年間ＯＢの代表はずっと続き、結婚前は（90年代の当時は携帯電話が普及していない）電話が鳴るとすれば、彼女かＯＢの枠に関する電話かのどちらかであった。彼女からみても、彼女よりも森の方がＬさんのことをよく知り、また、何かあれば森がすぐ駆けつけるため、森に嫉妬することもあった。そして、自らは１ヶ月に１回の定期枠に入りながら、誰も森の介護者として入ることができない場合には、Ｌさんが入ることもあった。

だが、やがてＬさん自身が病気になり、定期枠という形では介護に入ることが困難になってしまった。病気になった当初は、介護に行ける時は、森の家に行くということになっていたが、それも長続きすることはなかった。すると今度は、森の方からの在訪があった。森がＬさんの家に月に数回訪問をするような関係が続いた。介護者ともに車椅子で現れた森と、Ｌさんの子どもが小一時間くらい玄関先で話し込んだ後に、Ｌさんと会うこともあった。

病気になっている間に、Ｌさんは森に病気について、医者や自ら調べたことで説明した。すると森は、「お前は『障害』者なのか『障害』者でないのかどっちやねん」と立場を問うてきた。Ｌさんは分からないと説明した。すると、森はそこはハッキリさせろと追い詰めた。森は「そこは、自覚の問題や、お前が『障害』者として生きるかどうかや」と言った。

他の章で見るように他の介護者にも、森がこのように介護者のマイノリティとしての立場を自覚させていくエピソードは少なくなかった。実際、Ｌさんの結婚相手もいわゆる同和地区の出身者で差別される集団に属していたが、森はそのことについても自覚を迫ることがあった。すなわち、結婚によって家族となり、世間からは同じ集団としてみられるのだと。その自覚があることで、行動が変わるのだという。そして、森は「部落問題については、俺はまだまだ学ぶ立場やからお前から話を聞いて、俺は一緒にやっていきたい」という趣旨のことを語った。

なお、Lさんは森の最期の介護者であった。病気になる前、OB枠でLさんは先輩の○○さんと一緒に森の介護に入ることがよくあった。その時に、森はしばしば、「俺の葬式はお前が仕切れよ」とLさんに言うことがよくあったという。そして、森が亡くなった後、Lさんは駆けつけて、森の身体を洗い、拭き、そして死装束を着せる役目を果たした。また、葬式の段取りも仕切り、森を送り出した。

5　Qさんの語り

「宿題をずっとやっているだけの話やな」

Qさんは、インタビュー調査当時、年齢は50代、市役所の職員で、労働組合の議長を務めていた。介護グループに入ることになったきっかけは、森の介護者が不足していた頃に、森の介護グループに入っていたX大学学生の幼なじみが、自分が入れなくなった代わりに森の介護に入ってもらうために、別の大学に通っていた大学3年生のQさんを森に会うように誘ってきたためである。

森の家からは比較的近隣の県の出身者で、自分が通っていた大学と同じ市内に下宿していたものの、その下宿は森の家からは1時間以上かかり、他府県にあった。被差別部落地域の出身であったが、子どもの頃は、まだ部落問題についてはそれほど意識していなかった。小学校に通っていた時に、同じ地区出身で憧れる教員と出会い、それ以来、教員になろうとも考えつつも、建設業をしていた親のすすめもあり、司法書士になることも視野に入れつつ、法学部に入学した。

1980年代の前半に大学へ入って始めの頃は、部落問題や自分のルーツに向かい合ったり、それらの問題にかかわろうとしたりすることがなかった。だが、Qさんが3年生の時に大学で起きた差別落書き事件をきっかけに、部落問題に関する研究会や運動などにかかわり始めるようになっていた。そういったタイミングで、森の介護への誘いを受け運動の先輩として森と出会うことになった。森の家で初めて会った時には、特に次の約束をすることもなく、また来るということになっていた。その際、森は、部落問題やルーツに向かい合い始めたばかりのQさんに、「宿題」として「お前これからどう生きるねん」という問いへの答えを考えておくようにと言っていた。なかなか答えることのできるものでなく、Qさんはその宿題をしばらく放置していた。すると、1ヶ月程度経った後に森から電話がかかってきて「宿題の答えはどないなったんかな」と言われた。

森としてはQさんの反差別的な運動の担い手としての成長を促すような意図があったのだろう。Qさんを介護に入るように誘い、3年生の秋頃からQさんは森の介護活動にかかわるようになる。その後は、地元で教員になるつもりだったが、4年生で受けた採用試験に合格せず、地元近隣の自治体の公務員試験を受けようか悩んでいた。ちょうどそのタイミングで、森と懇意にしていた組合の委員長から、学校の用務員の欠員募集があるから受けてみないかと言われた。教員になる前の、「腰掛け」のつもりで受験し、欠員募集の試験を受けて採用されることとなった。

入職した後は、解放の家をどこに作るかということで不動産屋を回ったり、解放の家の開設当初は、鍵の開け締め等を担当した。森の介護にはあまり入らなくなったが、当初、森の家のすぐ真向かいの文化住宅に住み、風呂介護の手伝いほか、地域の「障害」者の家を訪問する在訪なども行ってきた。そして、最初は「腰掛け」のつもりで入った役所の仕事では、森との関係もあり入職前の学生の頃からつながっている組合のつながりもあり、組合の役員等に就き、以後、組合運動にも尽力するようになる。ただ、組合の活動については当初はそれほど知らなかったけれども、学生の頃から森と活動を共にしながら「障害者が、この地域で当たり前に生きていけるっていうこと」を一番自分がやらなければならないという意識を持って役所に入っていた。そして、市民会議とも連携している組合としては、「障害」のある子どもの学童保育を保障していくための職員の加配要求や、建物のバリアフリー化など賃金闘争以外の運動の展開にも力を入れてきた。また、組合だけでなく、行政の内部からも、森と共に、自治体の「障害」者福祉にかかわる行政計画の検討委員にもなり各種計画の策定にもかかわってきた。そして、地域の部落解放運動組織の事務局長も務めている。

Qさん：　考えてみたら自分は森修と約束した、その地域で当たり前に「障害」者が生きるっていう、その宿題をずっとやっているだけの話やなて思うんですけどね。

インタビューの中でQさんは、右のように語ってくれた。インタビューをさせてもらったのは、年末の12月の日曜日だったが、この日もQさんは、組合活動の合間を縫ってインタビュー会場にかけつけてくれた。

おわりに

以上、1970年代後半から1980年代にかけて大学に入学してきた元・学生介護者の語りをみてきた。「生活掘り起こし」が関係しているせいか、それぞれが、物語性のある形で大学入学以前のライフストーリーを語るのに慣れている印象を受けた。また、Lさんのように初めて介護に入った日付もしっかりと話してくれることや、M

さんの語りにあるように、「そこからはまぁ他の人がたどったようなパターン」というところからも何らかのパターンのイメージも、コミュニティで共有されていることなどが分かる。そこでは、経済面でのしんどさについても、全員ではないがある程度の傾向性を指摘することができる。また、森の近所に住む際や、働く際に、住居、仕事、あるいは人としての森とのかかわりが全員にかかわっていることが分かった。

註

（１）文部科学省ホームページ「国立大学と私立大学の授業料等の推移」、２０２２年４月７日取得、https://www.mext.go.jp/b_menu/shingi/kokuritu/005/gijiroku/attach/1386502.htm.

（２）広く知られているように、同和教育においては「ムラの子を中心にした集団作り」が提唱されている。例えば志水宏吉（2003: 27）などを参照。

第4章

1990年代の元・学生介護者を中心とした語り

はじめに

この章では、X大学の移転に伴いX寮が無くなる1990年代中頃に大学に通っていた人たちの語りを検討する。インタビュー当時（2017年）でほとんどが40代の人たちであった。

1　Gさんの語り

「森さんが身一つで街歩いているのも、まぁ、似たようなもんだと思うのです」～Gさんの語り

Gさんは、各地のライブハウスやカフェ、コンサート会場等でミュージシャンとして活躍する傍ら、音楽教室の講師等をするとともに、反核反戦活動等に取り組み、毎週、電力会社の横で路上ライヴ活動も続けている。コロナ禍以前の2017年の取材当時は、40代後半で解放の家の近隣住民として、解放の家に通う人たちに絵を教えたりしながら近所づきあいのような形で、日常的に解放の家の関係者とかかわっていた。また、もともとは解放の家にもかかわりのあった生活訓練事業所での音楽の授業やイベントも担当していた。

山陰地方の遠く離れた地元で生まれ育った。1学年1クラス14人くらいの小さな小学校で学んでいた。14歳の頃からギターを独学で学び始め、高等学校では吹奏楽部に入り、大学では美術を専攻した。

介護グループに入ったのは、X寮の相部屋の先輩に誘われ、選択肢がなかったような入り方であった。森からはなかなか聞き取りができないとか、食事介護などでちょっとしたミスなどもあったせいか、森の介護よりも解放の家での活動に従事するという「解放の家送り」となった。解放の家ののびのびした雰囲気や居心地のよさが気に入っていた。

大学3年生になった頃には、森の介護グループでは代表も務めた。代表になることとセットになっていた様々な社会活動の1つでもあるが、青山正（→51頁参照）の支援活動にも尽力してきた。介護活動を続けたのは一緒に活動してきた仲間の存在が大きく、介護活動そのものが「それは特別これが魅力的だとか、特に思わなかったし、これが正義だというふうにもね、特別思わなかった」と語っている。

介護活動を中心とした社会活動のほか、X寮には夜中でも自由にピアノやギターを弾いたりすることができる音楽室のような場所があり、遅くまで起きることが多く、朝起きることができなくなってしまった。そのため授業に出ることもできなくなり、介護にも遅刻することもあった。大学での単位修得状況も順調にはゆかず、卒業までに8年間かかることとなった。

卒業後は、当時、森がOBと一緒に経営していた熱帯魚の水槽のメンテナンスをする会社の手伝いなどをしながら生活をしていた。その間も続けていた音楽活動のスペースのため解放の家のすぐ近所の家を後輩とルームシェアとして使い出したが、後輩がここを使わなくなってからは、そこに住むことになる。その後、音楽教室の講師としてレッスンを長年続けていくようになり、その間、解放の家の方では介護に関するものが、従来のボランタリーなものから事業化してきたこともあり、Gさんが従来の社会活動としてかかわる側面が減ってきた。

さらに2008年のリーマンショック以降、音楽教室の講師の仕事の量が減ってきたため、少し時間ができて考える余裕が増えてきた。そんな中、森の介護活動に他のOBらと入り、社会運動や自分の音楽活動についても振り返るようになってきた。音楽教室で日頃、若者に指導し例えば芸術大学への進学ができるようにもなり、与えられた仕事はやってきた。しかしながら、その先の話として、結局、自分自身は何をやっているのだろうかと自問していた。

2011年に東日本大震災が起き、各地で反原発の運動が盛んになった頃、反対デモの中、カウンターカルチャーとしての音楽活動をしている知り合いを通じて、自分もまた身一つで路上での活動にも参加するようになってきた。自分の見たことや言いたいことを表現し、批判や身の危険を覚悟で活動している。それについては「森さんが身一つで街歩いているのも、まぁ、似たようなもんだと思うのです」と語っている。

2 Bさんの語り

(1) 「俺これ、無理やなあぁと思いながら」～家業を継ぐ気にならなかった青年期

Bさんは、フロンティアに勤務し、取材当時は、40代中頃から後半であった(1970年代前半生まれ)。森の家からは遠いが、X大学には自転車で通うことができるほど近い地域で生まれ育った。いわゆる「自宅生」であった。Bさんが生まれ育った地域は、全国的にも有名な人権教育に取り組んでいる地域であり、古くから「障害」のある子どもも通常学級で学ぶことにも取り組んでいた。このため、Bさんも「障害」のある子どもとともに一緒に学び育つという学校環境で学んできた。だが、特にそのことによって「障害」者問題に特別な関心を持っていたわけで

もなかった。

父親は、地元で卸売の自営業をしていて、毎朝2時に起きて夕方4時頃に帰ってきていた。特に経済的に苦労したということはなかった。ただ、高等学校に通う頃に親の仕事を手伝ったりした際に、自分には、できないし向いていないと感じた。「俺これ、無理やなあぁと思いながら。で、まぁ、学校の先生かなぁとかって思いながら」と、家業を継ぐのがいやなため、教師になるという名目で大学に行くこととなった。高等学校卒業後は、大学受験浪人した後、１９９０年代前半に大学へ入学することとなった。

(2) 「これ外してしまうと、たぶん、自分、ボロボロに」～大学入学と介護の継続

大学入学当初から介護グループに入ったのではなく、入ったのは2年生の冬からである。最初は、人権や差別問題を中心的なテーマとはしない課外活動に所属していた。やがて、1年生の途中から部落問題に関する授業をきっかけにしてかかわりだした「部落解放教育研究会（以下、本章では解放研）」に入った。この解放研は、森の介護グループと交流があった。そのため、森の家にも誘われて行って話をして、介護に誘われたこともあったが、Bさん自身は介護には興味がなかった。ただ、森の介護グループに入っていた同和地区出身者の学生とも知り合うようになり、その学生自身は、自分の出身背景と関係がありそうな解放研よりも森修や介護グループの方をむしろ信頼しているようなことを不思議に思っていた。解放研にはなくて、介護グループにあるものは一体何なのか、その理由を探るようなつもりで介護グループに入ることとなった。ちょうどその頃、同じように誘われていた解放研の先輩も介護グループに入ったこともそのきっかけとなっていた。

そして、2年生の冬以降、森の介護に入り続け、3年生頃まではある程度単位修得ができていたものの、大学4年生になる頃には、解放研関係の活動で1つの大学を超えて、複数の大学のかかわる枠組みでの活動にかかわるようになったため、入学から4年間では卒業できなくなってしまった。表面上は活動等をうまくやっていたが、精神

的にはバランスが乱れてきて、5年生になってからは、解放研との関係では後輩の面倒は見るものの、基本的には自宅に引きこもっていた。ただ、介護だけは、1週間に1度入ることにしていた。その理由については2つ語ってくれた。

1つは次のようなしがらみのようなものであった。

Bさん：　介護入らへんかったりすると、いろんな人が、来るじゃないですか。「大丈夫か」とか、それが、うっとうしかったので、それを防御するには、とりあえず、週1回介護入っておけばいい、なんにもそれ以上つっこまれないから。

もう1つは、自己アイデンティティにかかわるものであった。

Bさん：　これ外してしまうと、たぶん、自分、ボロボロになんねやろうな、という気がしていますね。そこで、保っている部分というのがありましたね。言い訳含めて。保っていたのだろうなぁと思います。

外出もほとんどしなくなり「プチ引きこもり」という、いわゆる引きこもりに似た部分もあった状態になっていた中で、介護に入ることが唯一自分を保つバロメーターになっていた（他の調査協力者にもあった点である）。「プチ引きこもり」のような状態になった理由は特に分からないが、1度そうなるとなかなか出られなくなっていったという。それでも、週に1度出る介護では、後輩に対しても指導助言等を行うこととなり、しかしながら自分の心の状態とはかけ離れたことを言わなければならないために疲れる日々が続いた。ただ、1990年代の中頃に、森の介護者の多くが住んでいた学生寮が閉寮となり、介護者不足が深刻になってきていた。そのため、介護を抜けることもできない。これに関しては、人権や社会的な観点からの意義があるから入ったという側面はありつつも、当時もしも「これ、人［＝介護者］がおったら、［介護に］入っていないですわ」と語っている。

(3)「ああ、そうかこういうことやなぁ」～知的「障害」のある人たちとの関係①

Bさんにとっては、介護グループよりもその前に活動していた解放研の方での活動が先にあったこともあり、森に対しては社会運動の先輩というような見方をしていた。先輩と言っても、運動のあり方について相談に乗ってもらうだけでなく、森の運動のあり方について批判をしたりするような関係でもあった。具体的には、森の運動論にはやや薄かったように思えたジェンダーの視点などをめぐって議論したり、Bさんからすれば、森の周りには社会資源とも言えるような人が沢山集中しているが、それらの人をもっと他の人たちのところでも活躍できるようにすべきではないかといった議論をしたりするような関係であった。

以上のような森との関係であったが、Bさんが介護グループや運動との関係を続けてきた理由は、森との活動にあったというよりは、解放の家で知的「障害」のある人たちとともにいた活動にあった。とりわけ知的「障害」のあるクさんとのかかわりが大きい。そのことを次のように語っている。

Bさん：　僕、たぶんね、一連の流れで言うと、その、プチ引きこもりをやっていて、クくんに助けてもらったというのが、一番でかいのですよ。僕が、クくんに何かをする、ではなく、僕がしてもらった方なので、それですね。やっぱ［り］。

そして、学んだことも、森からというよりは、解放の家に来ている「障害」当事者たちから学んだことの方が大きかった。中でもこのクさんが自分にとっては「モデル」であるという。Bさんが学生として、解放の家で活動をしていたある日、クさんが解放の家から外に出かけて、近所で高齢の女性が住む家の前でパニックになりながらも座り込んでいた。勝手に人の家の前で座り込むのは迷惑だということで、Bさんがクさんに、「おばあちゃんも迷惑するから、ちょっと帰ろうやぁ」と促そうとしていたところ、その家のおばあさんが、「ええよ、ええよ」とそのままいてもいいと言ってくれた。そこで、しばらく2人でそこで座り込むことにした。その時に、気づきがあったという。

Bさん：　2人でぼぉっと座っていたんですよ。で、座っているうちに「クさんが」落ち着いてきて、ああ、そうかこういうことやなぁと、思いながら。

クさんが、近所の人の顔色をうかがうだけでなく、「これでええんや」と気づかせてくれた。この近所のおばあちゃんのように受け入れる人もいることもあるのだ。なお、すぐ後で見るように、Bさんが、クさんを通じて、気がついたことは、解放の家を中心に広がっている知的「障害」のある人との関係にもかかわることでもあった。

Bさんが大学に在学当初、解放の家が開いているのは、水曜日、土曜日、日曜日の週3日であった。この頃、（当時の）養護学校に通っていた子どもたちが、学校を卒業するタイミングで行き場がなくなることをBさんたちは、心配していた。また、解放の家の専従として、運営の事実上の責任者をしていた先輩が、そろそろ役目を降りて、外部での自分の仕事に専念しようとしていた。このような状況の中、この先輩が解放の家の専従を辞めるのを先延ばしにしてもらいつつ、さらに数年留年ののち大学を卒業してからその先輩の後を引き継ぐこととなった。１９９０年代の終わりに、当時は無認可小規模作業所となっていた解放の家の専従職員として働きだした。

⑷　「友だち介護」～知的「障害」のある人たちとの関係②

大学卒業のタイミングで、当時交際していた人と一緒に四條畷に住み、結婚し、子どもも誕生し、生活をするようになる。Bさんは、卒業後の約20年間の間に、解放の家とは、「ＮＰＯ法人あとからゆっくり」、そして「『障害』者解放四條畷・大東市市民会議」、続けて現在の「一般社団法人フロンティア」の事業の仕事としてかかわるようになっていた。これらの仕事を通じて、Bさんが、知的「障害」者とのかかわりで考えるようになってきたのは、「支援者と利用者」を前提とするタイプの福祉専門職の養成課程を経たのちに仕事に就くのとは違い、ボランタリーな社会活動という自発的な入り方をしたからこそ気づきやすくなった、「障害」者との関係についてである。

その関係のことをBさんは、「友だち介護」という。社会活動だけでなく、仕事として知的「障害」のある人とかかわるようになってから、ホームヘルパーとして知的「障害」のある利用者と部屋の掃除を一緒にするという仕事があった。そこで気がついたのは、利用者が期待していることが、部屋が綺麗になることや、自分の掃除をするスキルを高めることではなく、ヘルパーと一緒に掃除をしながらおしゃべりをすることであった。そして、もしも本当にその「障害」のある人が自分1人だけで掃除できるようになると、ヘルパー以外には社会的な関係のなかった利用者が、現状の社会では、逆説的に、地域で孤立してしまうことにつながる可能性があることも考えるようになった。

また、ガイドヘルプ制度にしても、実際のところは、地域で一緒に出かけたりする友だちがいなくて、ヘルパーとの友達のようなふれあいをもとめていたりすることもある。もしも、ホームヘルプ制度やガイドヘルプ制度がなければ、そのような「障害」のある彼らが社会的に孤立してしまうこともある。むしろ、本来の制度の機能的な目的とは別のところも視野に入れながら、人と人との関係を紡いでいくような介護、それが「友だち介護」ということができるだろう。そういった関係にもBさんは魅力を感じてきた。また、そこには「支援者と利用者」といった狭い関係を超えた、学びがあることをBさんは次のように説明している。

Bさん： 結局、制度に、のせて［い］ると、どうしても「支援者と利用者」っていうカテゴリーがどうしても、社会的にはできてしまうので、それをとっぱらうというのは、無理なんですけど、でも、意識としては、でも、その彼から、利用者と言われている人たちから何を学ぶのか、で、彼自身とか、彼女ら自身が、……（中略）……健常者はもっと、こうやったら、もっと楽に生きれるよと、実は提案しているのではないのかとか、もっと、そんな、人の顔色をうかがわんかっても、生きていけるんじゃねえ?、みたいな、こととかていうのは学んでほしいなぁ、とかと思ったりとか、そういう関係ってどうやったら作れんねやろうなぁというような、というのは思ってはいるのですけどね。

先に述べたクさんに限らず、解放の家を中心に広がっている知的「障害」のある人との関係の魅力が、ここでは語られている。

3 Kさんの語り

「やめるっていう選択肢は、あんまり僕の中にはなかったですね。もう、森さん生きてる間は」

Kさんは、森の自宅からは車で高速道路も使わず30分程度の少し離れた市で小学校の教員をしている。教職員組合活動にも熱心に取り組んでいて2018年1月の日曜日の活動の合間に取材に応じてくれた。森の居住地の他府県で生まれ育った。父が在日韓国人で、家族はみな日本名の通称を使用していた。Kさんも子どもの頃は自分が外国籍であることを友達に話していた。ただ、小学校高学年に在籍する頃には、友達の言動等から、韓国人であるということが周囲でよい意味づけをされるものではないと考えるようになり、そのことを隠すようになっていた。そして、中学校に通っている間にはそのことに触れないように過ごしてきた。しかし、高等学校に通うようになってからは、朝鮮文化研究会にも入り、朝鮮名で高等学校も卒業するようになり、大学も朝鮮名で入学することになる。

教員を目指すこととなったのは、テレビドラマの影響もあったが、かつての自分と同じように、出自を公表できず、もやもやしている児童生徒のことや、民族問題に取り組むにあたっては子どもの頃からの教育が大切だと考えていたからである。大学は、学生寮や下宿ではなく自宅から近くで通えるX大学に入学し、在日朝鮮人教育研究会に入るようになる。そして、大学3年生の終わり頃まで、森の介護活動に入ることはなかった。自分自身は、在日朝鮮人教育研究会の活動をしていて、他の学生に朝鮮人の問題をいろいろ知って欲しいと思っていた。ただ、自分は朝鮮人問題についてはそう思っていながら、「障害」者の問題にはかかわることがなかったことについては気になっていた。森の介護グループのメンバーがかかわっていた、学内の障害者解放教育研究会の自主講座を聞きにいったりしていたが、やはり実際にかかわってみなければ分からないと考えた。そして、大学3年生の終わりの頃から森の介護グループに入ることになった。

介護グループに入る前から、自分が外国にルーツを持つことを隠したりする必要がなく、隠したりさせているのは社会の問題であり、外国にルーツを持つこと自体は、プラスでもマイナスでもないと考えるようになっていた。だが、「障害」については、例えば、身体の一部で、手がない場合にはマイナス面があると考えていた。介護グループで活動するようになってからは、「手がなくても生きていける社会だったら問題ないでしょうって、言うようなところが、まぁ、わかったのは、その〇〇〔＝介護グループ名〕（に）入ってから、かもしれないすね」と語っている。そして「自立」についても、次のような発想をおそらくここで得るようになったと語っている。

Kさん：　まぁ、「自立」っていう言葉で言うと、やっぱり、その今、あのー、学校なんかではやっぱり、その子自身が「自分でできる」みたいなとらえ方をするんですけども、そうじゃないみたいなのは、たぶん、ここで学んだかなと思います。自分でヘルプを出せるとか、ということが、すごく大事な自立なんだみたいなこととかは〔介護活動を通じて、そういう発想を〕もらったと思うんですね。誰に聞いたかとかは、あんまり覚えてないんですけども。

また、なかなかわかり合えない人であっても「人を切らない」ということを森からは学び、今も考えることがあるという。なお、森に叱られるようなことはあまりなかった。ただ、森の移動を手伝う際に、車椅子などを「持つ」という言葉を使った際には叱られたことはあった。他の介護者からも、カラオケの歌詞で「狂う」という言葉を使ったりすることの問題点なども教えてもらったりした。「でも、それが、『たかが言葉やん』ではなくて、ちゃんとそういうふうにいろんな思いを持って、『こうやねん』ということを言うてくれるので、そんなんは、比較的すっと僕に落ちてきて」と語っている。

大学は5年かけて卒業し、その後は、民族関係の子ども支援の団体でアルバイトをしたり、大学で在学中には取得できなかった免許に必要な科目を1つ受講したりしながらも、週1日は森のところに介護をするために訪れていた。ただし、居住地は森の自宅とは異なり、この団体と同じ市内に卒業後に、実家から離れて住んでいて、それ以来、取材当時も同市内に住んでいた。この当時、森には団体の活動での苦労について話をしていて、（介護体制の厳しい中であっても）介護に入る日を工夫してもらったりしたこと等への義理なども感じていた。当時はまだ一本立ちの制度があったが、介護経験がこの段階では少なく一本立ちをしていなかった。やがて継続して通っていくうちにようやく一本立ちができた。そして、子ども支援のアルバイト先からももっと勤務時間を増やして欲しいという要望があったため、1週間ではなく一月に1日の昼枠で介護に入るようになった。

その後、教員採用試験に合格し、教員として勤務するようになった。教員になってからも一月に1日の昼枠で介護活動は続け、他の教員との予定の調整が必要になった時にも介護活動のあった日については、介護に入らなければ生活が困難な森のことを語ったりすることが、社会運動でもあると考え、積極的に話もしてきた。そして、子どもたちにも森や介護のことを話したりできることにも意義を感じていた。

ただ、教員である期間が長くなるにつれて、月1回の介護も厳しくなり、年に3回程度の「祝日枠」で介護に入らざるを得なくなった。その時は、何か「降格」でもしたような気持ちで残念に感じた。森の介護活動を通して得られている学びなどのメリットもあったが、そこが目的というわけではなく、年齢が離れているもののそのことを感じさせない森との関係や森を支える活動そのものが自分の日常生活そのものであり、しっかりやっていこうと思っていたからである。

介護に入ることをやめようとは思わなかったのかという私の質問に対して、Kさんは「やめるっていう選択肢は、あんまり僕の中にはなかったですね。もう、森さん生きてる間は」と語っていた。

4　Aさんの語り

(1)「たぶん、暗い感じだと思います」～生い立ち

そもそも、今回調査をお願いした人たちにはインタビュー調査以外のかかわりで、個人的に知っている範囲だけでも読書家が少なくないが、その中でもAさんは、博識で、文学やその評論、思想・哲学や映画等にとりわけ造詣

が深い人でもある。２０１７年の取材当時は40代中頃で、一般社団法人フロンティアに勤務していた。子どもの頃、どんな子どもでしたかという私の質問に対しては、「たぶん、暗い感じだと思います」と語っていた。Aさんは、和歌山県の出身で森の住む大阪の隣とはいえ、大学入学までは主として和歌山でも大阪からはかなり遠方の地方で育った。物心つくかつかない頃には、両親が離婚し母の実家で生活するようになっていた。そして、実父についての具体的な記憶は少ないという。

幼稚園に入学する頃には母が再婚し、その実家からは３００キロメートル以上離れた東海地方で生活することとなった。Aさんの印象としては2人目の父は厳しい父で、Aさんと母がいつも台所で食事をしているが、父はリビングで晩酌をしているような雰囲気の生活を送っていた。Aさん本人も、たまに、父に呼び出されて、「お父さんは若い頃はなぁ」と昔話をするような父だった。

小学校に通い出すまでには実母と新しい父との関係があまりよくなくなってしまい、当時の記憶は、2人が喧嘩をしている印象が強いものになっている。小学校の低学年生として学んでいた頃には、母は再び離婚することとなり、母の実家で祖父や祖母と生活することになる。１９８０年代初めの当時、離婚家庭は比較的珍しく、周囲の友達からは父が何をしているのかと聞かれても、「遠くに行っている」という程度の答えでお茶を濁すことしかできなかった。

Aさんが中学校に通う頃になると、母親は、職場で一緒になった地元の男性と交際を始めるようになる。Aさんがその頃、母親の職場に遊びに行くと職場の人が「お前のお母さんなぁ、このおっちゃんと付き合ってんねんで」と言われたりしていた。中学校に通っていた頃にそう言われた時には、自分の母親の恋愛はイメージできず意味がよく分からなかった。やがて、入学する高等学校が決まったあたりから、母とその男性とAさん本人の3名で、当時は高等学校入学の際にはよくみられたことであるが、入学祝いの腕時計を買いに行ったり、そのままピクニックに出かけたりするようになったりし、会う機会が増えていくようになった。

この男性のことをAさんは、（「おじさん」を意味する）「おいちゃん」とその後もずっと呼ぶようになる。実家の中で喧嘩があった時には、母親は数日間、家出したりしたが、その「おいちゃん」のところに家出したと思ったりすることもあった。この家出にはAさん本人が取り残されたように感じて、母親に対して否定的な感情を抱くことが増えてきたり、自分に起きる様々なことを母子家庭のせいにする語りが増えてきたりしたという。

この世代では珍しい「母子家庭」出身ということで、友人からは哀れまれたり、逆に、「なんかようグレんと、今、やってんなぁ。尊敬するわ」と言われたりした。また逆に、母子家庭に対する世間的な貧困のイメージの割に、祖父と住んでいる家を友人が見て「なんかふつうの家に住んでいるやん」と言われたりして、物質的・金銭的な面では困っていないということによって、自分自身が今背負っている辛さが理解されにくくなり、自分の状況を話した真意が報われなかった思いをしたりした。

(2)「お前のその感性が、差別者の感性」～森との出会い

親戚には学校教員が多く、大学に行くこと自体は当たり前の風潮で育ってきた。幼稚園に通う頃から『あしたのジョー』（高森朝雄・ちばてつや）といったマンガを読んでいたり、中学校に通う頃には灰谷健次郎の『太陽の子』や『兎の眼』といった小説も読み、高等学校もいわゆる進学校に通い、村上龍の作品を友達と読んだりしていた。大学卒業後のビジョンは明確ではなかったが、親戚に教員も多く教員免許が取得可能な大学に入ることとなる。具体的な進路としては試験科目の種類から考えて、「障害」児教育に関する専攻へ１９９０年代前半に進学することとなった。

X大学入学後は、大学の学生寮に住んでいた訳ではないが、早期から四條畷の運動とかかわることになった。大学に入学した直後に、地域で森の介護グループとともに運動をやっていた別の介護者グループの大学内での茶話会に声をかけられて、そこに参加した。「あの、話しかけられたのが、ちょっとたぶん、嬉しかったのですね。きっと」

と語っている。その茶話会に誘われて、さらに今度は、解放の家にも来るように誘われた。そして、解放の家での活動に参加した帰り道に森の家に寄ってみようという話になり、ついて行くこととなった。

この際、Aさんが初めて、森と会った時の話の内容は、Aさんには幼い頃に「障害」のある友達がいたが、特に分け隔てなく交流していたし、自分は将来、「障害」の有無に応じて分け隔てなくかかわることのできる教員になりたいというような話であった。その際には森からは、(介護者募集という意図があったのか分からないが)特に否定されることもなく、今後Aさんがその思いを実践で裏付けていくことが望ましいという話があった。

続けて、X大学のX寮で介護者会議があるから来てみないかと言われたので、行ってみた。その会議の中で決めることの1つに学生介護者が入る枠の調整があり、みんながスケジュールの書いた手帳等をみていた。Aさんも自分だけが、手帳も見ないのも格好が悪いので真っ白なスケジュール帳を広げていた。特に介護に入るつもりはなかった。だが、会議の中で日程調整のための声かけをしている先輩から「何曜日行ける人〜」と呼びかけられた際に、Aさんの隣にいた先輩が「僕の手を持って、『はーい』って、ああ、行くのんかぁ」ということになった。

そして、いよいよ初めて介護に入ることになった。実際に介護に入る前から、すでに何人かの学生から、森と一緒に外に出かけると周囲の人たちの視線が差別的であるという趣旨のことを語っているのを聞いていたが、その解釈についてAさんは疑問があった。そのあたりのことについてAさんは、次のように語る。

Aさん：　茶話会の時の話でも、介護者会議の時の話とかでも、みんなが言ってくれたのは、森さんと一緒に外に出ると、周りの人はみんな、じろじろ見てくると、それが、すごい、やっぱ、差別的で〝腹が立つ〟という話を聞いていたのですが、なんか、森さんがそういうことを「僕に」体験させようと思って、みんなと一緒に僕も含めて「外に」出たんです。

［出かけた］途中で、なんか、「Aくん、今日、僕と一緒に外に出てどうやった」と、森さんに聞かれて、案外、気にならなかったんですよ。周りの視線が、で、えーと、僕ねぇ、みんなが言っていたほど、気には、心配で見ている人だっているでしょ、ねぇ、「全然、それほどにも気になりませんでしたけどね」という話をしたら、森さんからその、外で駐車場でタバコを吸っていたんですけど、「お前のその感性が、差別者の感性やっ」て、言われて、駐車場でなんかね、大泣きをすることがありまして、一番最初の介護に入った時に。

本人としては、茶話会や介護者会議で関係者が、じろじろ見るのを「差別」というように話をしていることに対して、必ずしも「差別」というだけでは把握できない点を指摘しようとしたのであろう。しかしながら、当事者から「差別者の感性」と指摘されるとショックは大きかった。これ以降も、もともと、本人からは親切心からではあるが、他の学生に対して「啓蒙してやろう」という姿勢があり、そういう姿勢からは予想されることだが、森や周囲とは上手くいかなくなる。

(3)「介護もう来なくていい」～介護拒否

また口では啓蒙的なスタンスでありながら、実際の介護では、介護中に介護せずに他のことに集中してしまったりすることもあった。そして、「障害」者に関して理解が足りないと思われるような言動を指摘されて、周囲から叱られると自分が母子家庭出身であることや、母のせいにしようとすることもあった。森からは団体交渉以外でこんなに大声を出したことがないと言われたり、他の介護者にはあまりなかったことだが、森の妻からも怒られたりしていた。森の妻からは、自分の子どもかのように怒られていたようでとても心配されていた。

Aさん：　半分偉そうなんですけど、半分、怒られるみたいなのが、何ヶ月か、［大学1年生の］夏まで続いたんですよ、なんか、まぁ、言えば、言うたら、高校時代までの優しい、なんか、いい人な僕を引きずっているので、他の人を啓蒙してやろうみたいな、偉そうなところと、で、いざ、でも、実際介護に入ったら、森さんにボロカス言われるのと、最終的に、なんか、あまりにも、やっぱり偉そうな言動も、なんという［かな］、ふるまいとかも多かったので、でー、「お前には、もうちょっと介護には来ていらない」と、「お前が介護入ると、俺はいつ死ぬかわからん」ちゅう話になって。1回生の夏に「介護拒否」っていうのを受けて、介護もう来なくていい、と。

介護拒否を受けて介護者会議では、この介護グループをやめると言ったところ、他のメンバーが一緒にやろうと引きとどめた。しかしながら、その場で、その気持ちを理解できないような発言を続けてしまい、先輩からは一晩かかって、その気持ちを理解できないAさんがいかに「寂しい人間」であるか、そのことについて語り明かしたりすることもあった。

そして、その他の先輩からの支援もあった。1年生の夏の介護拒否の後、森の方ではもうAさんに介護グループのメンバーとしてはどうしたものかと考えていたらしい。Aさんが2年生となった春に、介護グループの新入生歓迎会に勤しんでいるのを見た先輩が「僕と一緒にもう介護に入れて下さい、責任持ちます、育てます」と言って、森を説得しようとしてくれた。また同時に、森の妻もまたこの間、森を説得するために動いてくれたようである。そして、その先輩と森のところに行くことになった。そこでは、森と次のようなやりとりがあった。

Aさん：　森さんから「お前に対して一番腹が立っているのは、お前はお母さんをすごいバカにしているやろ」と、で「お母さんがどんな気持ちで、お前を育ててくれたか、ちゃんと話を1回聞いてこい、それを聞いて来るまで、うちの敷居をまたぐな」という話になりました［なお、実際には「お前」という言い方ではなく、Aさんの本当の名前に「くん」付けでの発言であった］(1)。

この指示を受けて、Aさんは遠く離れた実家に帰省し、母と話をすることになった。母はもうすでに「おいちゃん」と母の実家に住んでいた。母とは自分や父との関係について話をするのはあまりなかったことであるが、しっかりと話をしてくれた。Aさんの実父にあたる母の最初の夫が、母の父で地元に影響力のあったAさんの祖父の力を目当てに結婚したため上手くいかなかったことや、次の夫が幼いAさんに優しくなくて、このままではAさんが不幸になると考えて離婚をせざるをえなくなった事情について詳しく説明してくれた。そして、そういった辛い経験があったが、自分にはAさんがいたからここまでやって来られたのだということを話してくれた。

さらに、その日、母の部屋で2つの手紙を発見した。1つの手紙は、母から実父に宛てた手紙であった。今までAさんを育ててきたが、さすがに大学進学となると経済的に厳しいので、本当は頼みたくないのだが、支援をして欲しいという趣旨の手紙であった。どうして母から実父に宛てた手紙がそこにあるかというと、その手紙は実父からそのまま送り返されてきたものであった。その手紙が送り返されるのと一緒に届いたのが、もう1つの手紙で、それは実父からの手紙であった。そこには、実父が、今の家庭にも子どもがいて余裕がないので、そういうことは弁護士を通して話をしてくれということが記載されていた。

母からこのような話を聞いたその日にその手紙を読んだことで、ある種の気づきのようなものがあったことをAさんは語ってくれた。

Aさん：　お母さんが〔自分のことを〕思ってくれているほど、自分がお母さんのことを思っていないという……（中略）……、そういうことには、思いが及ばなかったりとか……（中略）……「障害」者に対して、こう、まぁ、差別的な指摘を受けたりするたびに、「僕、母子家庭なので」という言い訳にしていたのが、実は、自分は母子家庭というのを隠れ蓑にして、「障害」者差別から逃げようとしていただけだし、で、お母さんの苦しみをなんか全然理解していなかったということでは、僕も、また、自分のお母さんを差別しておった、なんて言うんですかね、上手くは言えないんですけど、その、森さんが……（中略）……、僕に言われたり、されたりすることが「しんどい」と言っているのと、お母さんを苦しめているのは、重なっているんですよ。

その重なりへの気づきは、「なんで、自分はこんだけ、人をむかつかせたりとか、人を悲しませたりするんやろうとか、一個、一個じゃなくて、僕が変わらないと、結局、みんなをこれからもしんどくさせるんだろうなぁと」という認識でもあった。

⑷「『障害』者差別と向きあうことが、お母さんと向きあうことになる」～この地域で残る

母や森、そして学生仲間をはじめ周囲の人たちを「しんどく」させないように、自分が変わることを決心した。そのために、まずは、その2年生の夏にX大学のX寮に入ることにした。親の経済的な負担を減らすことや自分自身を鍛えること等が目的であった。その後の学生時代は、大交流サマーキャンプの企画なども実施したり、森とのかかわりで様々な活動に従事したりするようになってきた。

これらの活動と学業のバランスが上手くとれず、２０００年頃に大学は8年生で卒業することとなった。在学中の１９９０年代中頃にX大学の寮も閉寮になり卒業までは別のキャンパスの新しい寮に移り住んだ。そして、卒業後は、森と同じ四條畷市で住むこととなった。大阪に残る直接的なきっかけは、教員採用試験に落ちたことであると言う。しかも、森もこの地に残ることを希望していた。

Aさん：　森さんとしては畷［＝四條畷］にいて欲しいということもあったので、僕はその、半分教師になりたい、という以外に、何も希望がないままだったので、なんか、まぁ、分かりましたということで、で、教員採用試験を落ちまして、で、何するよってなって、で、とりあえず四條畷に残るってことだけが決定して。

もちろん、その他、実家に帰るという選択肢も存在はしていたが、地元の友達の様子などを見ていたら、当時の自分の都市部の文化環境からはかけ離れていて、退屈そうに思えたため、地元に帰る気もしなかった。そして、森や自分の住む近隣で就職を探していた頃に、森の紹介で、地域の福祉施設で勤務することとなった。

Aさん： 原点のままで、ええ、「障害」者差別と向きあうことが、お母さんと向きあうことになる、介護の仕事をするから、あのぅ、お母さんの孝行もできるという、ところもあったので、お母さんには見とって下さい、ていうのが、就職の経緯。

つまり、そうやって、「障害」のある人々と向かい合い続けることによって、自分が変わることができ、親孝行できる自分になることもできるということである。その後、卒業して最初の約2年間は、「温玉」（→78頁参照）として、学生たちと同じようなペースで森の介護にも入り、3年目頃からは固定で平日に入るようになったり、後には訪問するだけの関係となっていたが、森との関係に一時的な変化があり、それ以降は介護に入らないまま年数が過ぎていった。その間も福祉施設で十数年働き続けた。２０１１年の東日本大震災以降に、ちょうど一般社団法人フロンティアが立ち上がる頃に、フロンティアの理事長のCさんから一緒にやって行かないかと声をかけられた。Aさんが30代後半のことであった。フロンティアではより自由に活動できそうだということで、そちらで勤務するようになった。

5　Pさんの語り

(1)「ライフワークとして」～大学入学前からの社会への強い関心

Pさんは、取材した2017年、当時40歳前後で、森の居住地とは離れた地域の社会福祉法人に勤めていたが、Pさん自身は森の居住地に隣接する市に住んでいた。森の居住地からは遠く、東北地方で生まれ育ち、大学入学と同時に西日本で住むようになった。

生まれた時から身体の一部に機能していない箇所があり、6歳の時にそのことが発覚した。手術をした結果、日常生活にはあまり支障がなく、中学校の時には陸上部に入っていたくらいであったが、医師からは疲れやすいと説明を受けてきた。森の介護に入る前からそのことは伝えてあり、森からはいつも「お前も『障害』者やなぁ」といった意味のことを言われ続けてきた。他の介護者同様に、森は学生介護者もまた差別されるカテゴリーに属しているということを自覚するような働きかけをPさんにもしてきた。

人生の早い段階から、社会問題について興味を持ったり、社会との葛藤等を意識したりしていく機会が多かった。小学校に通う頃には、灰谷健次郎の作品なども読み沖縄の問題や天皇制の問題についても興味を持つようになっていた。また、高等学校に入ってからは、大学受験勉強について意識をするという意味からも社会についての葛藤について、いっそう意識するようになる。

入学した高等学校は自宅からは遠くにある県内有数の進学校で、賄い付きの下宿をして高等学校に通うことになる。下宿では、先輩たちと大学受験にかかわる話ばかりがなされていた。また、高等学校においても模擬テストがあるたびに、テストの結果について、別の進学校の平均等との違いについて全校集会で話題にされるような雰囲気があり、息が詰まるような思いをしてきた。

より多くの知的な影響を受けたのは、大学受験のための浪人をしている頃で、予備校の先生方から入学試験の枠にはとどまらない話を聞くことによる。戦後補償の問題についての話を聞いたり、当時、自衛隊のＰＫＯ派遣問題などで国際問題についての世論が高まっていたりしたことも関係し、大学の入学試験を受ける前から在日朝鮮人教育研究会に入ることや、将来的には「自分のそのまぁ、ライフワークとして」国際系のＮＧＯで働きたいと思うようになっていたという。

(2)「価値観を変えるような活動として介護に入ってみぃひんか」～森のオルグ

第一志望ではなかったが、Ｘ大学に入学するようになり、大学の近辺のアパートに住むこととなった。入学直後のＰさんが驚いたのは、入学直後の学生を対象とした部落問題にかかわる講演会があったことである。また、部落問題にかかわる講義もあり、日本の部落解放教育をリードしてきたともいえる教員が担当し、受講生会議もあった。また、この教員の配慮が大きく、学内の人権にかかわるサークル活動が特定の部屋に集まりやすいしくみができていた。そして、森修の介護者会議もここで行われていたり、森もこの大学で講演（そして、後には講義）を行ったりするために、この部屋に出入りする人権にかかわるサークルのメンバーは森にかかわることを自然に行うことになっていた。かつて、介護者の主たる募集先であったＸ寮もこの頃は閉鎖直前であったため、もはやＸ寮生の数は極端に少なく、その代わりに、この当時の人権にかかわるサークルの男性メンバーが、森の介護に入るような風潮があったという。そんな中、Ｐさんは、入学前からの予定通り、在日朝鮮人教育研究会に入ることとなった。

Ｘ大学内において在日朝鮮人教育研究会は、部落解放教育研究会や障害者解放研究会などと並んで人権系のサークルと総称されることがある。人権系のサークルに参加しているメンバーでは森の介護グループに入っている学生も多く、在日朝鮮人教育研究会に参加している、Pさんと仲のよかった在日コリアンの学生も森の介護に入っていた。森の介護に入ることについては、例えば昼介護の枠で朝9時から夜7時まであり授業に参加できず、また、夜の泊まりに入るとなれば、翌日の授業出席にも影響するということで、入るつもりはなかった。だが、1年生の終わりの頃、仲のよかったその友人から、森の家に1度でいいから行ってみないかと誘われた。年度替わりで先輩が卒業することになり、介護者が不足していたため、かなり強引な誘いであった。1度行けばとりあえず、その友人の顔を立てることができるだろうという程度の思いで行くことになった。

そして、森に会うために、最寄りの駅へ迎えに来た友人に連れられて森の家に行った。この日は友人と先輩のスさんが介護に入る日であった。その友人からは、予め「俺とかに聞くんじゃなくって、分からへん時に、森さんに聞き返して欲しい。それだけ頼むわ」と言われていたので、周囲ではなく本人から直接聞き取ろうと努力した。しかしながら、はじめはなかなか聞き取れなかった。何度も「もう1回お願いします」と同じ言葉を森に言ってもらって聞き取ったのが「はじめまして森修です」という言葉であったという。

1時間くらいしてから、散歩に行こうと誘われた。森、友人、先輩そして森の飼っている犬と近所の公園へ一緒に行き、そして再び家に戻ってきた。Aさんの語り等にもあったが（→124～125頁参照）、森は、初めて散歩に行った際には、その感想を聞くことが多く、今回はPさんにも聞いた。Pさんは、周囲がじろじろ見てくるという話をした。続けて、森からは「Pくんは、じゃぁ、どんな風に『障害』者と付き合ってきたんや」と突き付けられることになる。自分の生まれ育った地域では徹底した分離教育がなされていて、ほとんど交流がなかったことなどを自覚させられることとなる。また、森には嘘をつくことができないという雰囲気を感じたようで、実は「障害」者のことは「怖い」と思っているということも吐露した。

それに対して、森は、Pさんが、大学の授業の部落問題概論の受講生会議や「在日問題、部落問題［を］考えてて、で、『障害』者問題は、あのー、関心ないんかと」と聞いてきた。いかにも森らしいオルグの仕方であるとPさんは次のように語る。

Pさん： 自分もちょっと怖いと思っているんやろっと、で、かつ、こう通行人の目線が怖い、じろじろ見ていてって、言うけども、Pくんもどういう眼差しを持っていたか振り返って欲しいんやと。「障害」者に偏見を持たれていたり、差別意識がある世の中では、わしは生きていかれへんのやわと、自分の価値観を変えるような活動として介護に入ってみいひんかというようなオルグを直接されたんですよねー。

実際には、聞き取りにかなりの時間がかかるコミュニケーションではあった。森のねらいは、人権問題について考えるというPさんの自己アイデンティティにかかわる語りとのかかわりで、本人に選択を迫るものであったと思われる。先に述べたように、友人の顔を立てて1度だけ家を訪問するつもりであったが、また来週来ますという約束をすることになった。

(3)「お前にとって介護に入る意味なんや」～森やコミュニティの仲間からの突き付け

さて、実際に介護に入った当初は、積極的に介護活動に参加していたという訳ではなかった。1週間に1度、朝の9時に介護に入って、そこからは時計をチラチラと見ていたりした。当時、森は、昼ご飯を近所の弁当屋で買ったものを食べていた。その弁当を買うのは、学年下の「下っ端」の介護者の役割であったが、その弁当を買いに行く時に少し解放感を感じるようなこともあったという。

森に積極的にかかわっていこうという訳ではなかったし、そういう態度が森に伝わったのかどうか分からないが、森からは「お前、いっこも「1つも」聞き取りできひんなぁ」等と、どんどん厳しい言葉を浴びせられるようになってきたという。

Pさん：「お前にとって介護に入る意味なんや」とか、いろいろ詰められまして、……（中略）……もともと偏見もあった中で生きているので、こう、言う言葉、言う言葉やっぱり当事者にとっては、非常に、こう〝しんどい〟ことを言うてたんやと思うですね。ほんとに「お前みたいなもんがいたら、俺ら生きていかれへん」ということを何回も言われたと思いますね。

第6章で確認するように他の介護者にも見られることであるが、Pさんは、このように介護そのものには積極的な意味をなかなか見いだせなかった。だが、彼は介護者会議には意義を見いだしていた。なぜならば、「自分の介護に入っていって起きたことが、意味付けされる場やったので」と語っている。会議では、他の介護者と森とのやりとりについての話を聞いたり、自分自身が介護に入った時の出来事を話したり、先輩からは、助言をもらったりした。

Pさん：　とにかく介護はしんどいんですけど、介護者会議はものすごく面白くて、楽しくて、まぁだからやる、続けられてたというのもあったと思うんです。

ただ、この会議で元気を取り戻して翌週に再び介護に行くものの、実際には、再び森に詰められることになる。詰められるのは、森だけに詰められるのではなかった。森も怒るし、よく一緒に介護に入った、ある先輩にはとことん詰められたという。

Pさん：　やっぱりこう、鋭いことを、あの、執拗に詰めて来られるんですね、まぁ、そのおかげで今の私がいると思っているんですけども。感謝しているんですけども。「もう、ちょっと勘弁してくれよ」という風に思ったこともありましたね。「もう、ええやん」みたいな。「分かってるって、みたいな」、「なんでそんなんしつこく聞いてくんねん」とかとか、「詰めてくんねん」みたいな。……（中略）……それがやっぱり介護の現場で逃げようはないですし、森さんと○○さんがいて、○○さんはフォローがてらいろいろ言うてくれるんですけどもう、森さんはわーって、怒ってるし。

逃げられないのは、介護の場だけでなく、人間関係そのものからも逃げられない状況になっていく。介護をやめることは、今や自分の大学生活での人間関係、コミュニティを離脱することとほぼ同義になっているからである。Pさんは、次のように語っている。

Pさん：もう逃げられないですね。感覚はね。もう、そのー、周りがだって、もう皆さん在朝研、解放研か、受会［受講者会議］に入っていて、もう自分のコミュニティっていったらできてましたんでね。その専攻の友達との付き合いよりも、在朝研でのかかわりとかの方がかなり濃いくなってましたからぁ、介護やめるっていうのイコールこのコミュニティに居《い》れない、居《い》られない、自分のその、なんていうのかな大学生活そのものみたいになってましたから、その勇気がなかったんですね。

このような、逃げられない状況で、森や先輩から「詰められる」のが、次の世代の介護者代表として育てる目的による、ある種の期待であったからかどうかは分からないが、3年生から介護グループの代表をすることになった。代表になった段階では、既述のように大学の寮を中心とした介護者を募集することは不可能な状態であった。人権系のサークルのコミュニティや先輩たちの協力を得ながら代表の役割を果たしていくことになった。

(4)「あの山は、ちょっとしんどかったですわ」～森の承認と一本立ち

ただ、当時の人権系のサークルに所属している介護者については、森はある種の「息苦しさ」を感じていること

を口にしていた。森は、〝運動家〟としての側面だけでなく、自分が昔からの長嶋ファンで野球好きで、タバコをたしなみ、犬をかわいがるといった〝生活者〟としての側面での関係が、学生介護者たちとは希薄である趣旨のことをしばしば語っていた。人権系のサークル所属の介護者は、自分のことを社会運動の先輩としてしか見ていないのではないかと、不満に思っていたし、またPさん自身もそういった先輩としてしか見ていないところもあった。

森がPさんにもそういう「息苦しさ」を感じていたこともあったせいか、Pさんの下の学年の後輩の中では3ヶ月程度で「一本立ち」を成し遂げた者もいたにもかかわらず、Pさんは、介護グループの代表になってからも、森から「一本立ち」の宣言をもらうことがなかった。この当時のことについて、次のように語っている。

Pさん：　一介護者としてもね、全然一本立ちどころか、えー、入ってくる後輩……（中略）……、ヌ［＝後輩］にしても、ネ［＝後輩］にしても、タ［＝後輩］にしても、ネとかタなんかは、たぶん、介護入って3ヶ月目とかで一本立ちしたんですね。僕は［介護グループの］代表っていう看板をさせてもらいながら、全然一本立ちどころかという状況でしたねぇ。

なかなか森とも分かり合うことが難しく、5年生になる直前にも介護を続けるのが難しいと先輩に漏らしたところ、OBの先輩からは、介護には遊びにいくような感覚でいいのではないかと、助言されたりするようになった。そのOBの先輩も陸上競技が好きだったこともあり、さらにまた別のOBの先輩も一緒に他府県で、少し離れた場所でのマラソン大会に出場しようということになった。森からはPさんの身体のことも心配で、その先輩にも話をするように助言された。先輩には身体の心配はあるが、マラソン中に走ることができなかったら、無理せずリタイアするということなどを説明の上、参加した。完走はできなかったものの、楽しかったと、心配していた森にもそのことを報告した。社会運動ではなく、森とのそういった時間の過ごし方もあり、徐々に付き合い方も変わってきた。

そして、その一本立ちの宣言はあまりにも唐突であった。Ｘ大学は山の上にあるため、当時は森が、新入生の勧誘目的の講演会のために大学にたどり着くためには、かなり物理的な障壁があった。森の使用するベッド型の大きな車椅子で移動するのは介護者にとってかなりの負担がかかる状況であった。講演会終了後、森が、今日はどうだったか、とＰさんに感想を求めた。Ｐさんは、今日の新歓目的の講演会のことを聞いているのかと思い、入りそうな新入生のことについて話をした。森は、そのことを聞いているのではないという。森は「お前はどう感じたんや、1日《いちにち》［新歓に］おって［＝いて］と」と言った。

それに対して、先輩にも乗せられた会話のはずみのような回答で、会場にいくまでの山について「あの山は、ちょっとしんどかったですわ」という趣旨のことをＰさんは言った。すると、森が笑みを浮かべて、左手に持っていたボールをぽろっと落として、「握手っ」と、一本立ちの宣言を行った。そして、そういった障壁のために苦労しなければならないようなところに大学をつくることこそが差別であるという趣旨のことを森が話し出した。Ｐさん自身としては先輩に誘導させられたような回答の仕方で、あっさりと一本立ちしたことで、なかなか実感の伴うようなものではなかった。

(5)「お前の生き方からにじみ出てくるような共闘関係っていうのを築けよ」〜森の実践を引き継ぐ

その後は、学生介護者として順調にいった訳ではないが、６年生の前期で卒業するまで在籍し、卒業と同時に解放の家の専従となった（当時、解放の家は、いわゆる無認可作業所（共同作業所）としての収益があり、専従の給与はその収益等から出されていた）。また、その後、森や先輩がかかわりのある「ＮＰＯ法人あとからゆっくり」で働くことになる。何らかの形で社会運動にかかわっていたいということや、先に書いたように、もともと大学に入る前から国際ＮＧＯで働くことを考えていたこともあって、声をかけられてから二つ返事で働くことにした。その間も毎週森の介護には入り続けていった。

　Pさんは、同法人では「障害」のある子どもの地域での支援を、その母親たちとの出会いを通じて多角的に展開したり、大学とも連携しながら学会活動にもかかわるようになっていった。だが、30歳前後となった2000年代の移動支援事業に関する制度変更によって当初の予定とは財政事情が大きく変わり、後から同法人で働くようになってきた後輩たちのためにも自分自身が転職することになった。それから別の福祉関係の人材派遣の仕事を経て、さらに後に現在の職場に異動することになった。

　現在の職の前の福祉関係の人材派遣の仕事をしていた頃には、生産性や売り上げが重視され、週の半分くらいは終電にも乗れず同じ会社の人たちの車で帰宅し、週末は起き上がることも難しい日々が続いた。また、雇止めをはじめ厳しい雇用の現実を身近で経験せざるをえなくなった。その間も森の介護に入りながら次のように森に語ったりした。

Pさん：　森さんが、その学生の時に一生懸命言ってくれたことが、初めて身にしみてよう分かりましたわ［と］言うて。まぁ、そういう価値観が支配的な中で「障害」者が真っ先に切られてたりとか、排除されてたりとか、差別されているって、そういうことなんですよね、と。いやー生きにくいですわって僕らもと［Pさんは森に言った］。

　そういった発言を森はにやにやしながら聞いていたという。学生の頃には分からなかったが、「改めて森さんのすごさというか、森さんのやっていることの意味が分かりました」というように、森の語りに即して日常生活を振り返るようになっていた。先に述べたように、Pさんは生まれつき体の一部が動いていない箇所があったが、その点についても、森が促した自覚のようなものについて次のように語っている。

Pさん：　ほんとに、地べたに、こう、なんていうのか、こう、ゆるぎないいいますかね。お前の生き方からにじみ出てくるような共闘関係っていうのを築けよと、つまりその「障害」者が差別される中で、健常者も生きにくいんちゃうんかとか。お前［＝Pさん］も○○［＝身体の一部］［が］働いてない中で、一《いち》当事者になられるかもしれないっていうこともって、どう繋がっていくねんっていうようなことをいいたかったんかなあって思うんですけどね。

その後、住まいは森の近隣地域で住み続け、森の流れをくむ活動には講師として研修に登壇したりしながらも、冒頭で述べたように、森が住んでいた地域やその近隣地域とはまた別の地域で、地域活動支援センター等の運営を行っている社会福祉法人で勤務することになる。この法人は、部落解放運動の流れをくみ、人権を中心に地域福祉や町づくりに精力的に取り組んでいる。この法人内でのPさん自身の活動範囲も幅広く、取材当時は精神「障害」のある人々の相談支援事業を中心としながら、国籍や経済状況、子どもの福祉等さまざまな問題がかかわる領域に精力的に取り組んでいた。

おわりに

以上、5人の語りを検討してきた。前章においては、大学入学以前に経験した経済的な貧困にかかわる語りがみられたのに対して、本章においてはそのような語りは見られなかった。そのことは、日本の経済的成長のほか、1990年代の中頃にX大学の移転に伴う、X寮の廃止が無関係とはいえないであろう。移転後も新しい学生寮が設置されたが、X寮のような相部屋でも自治寮でもないため、印取りをはじめこれまでのような寮文化が継承されるようなこともなかった。そのため、寮を通じた介護者集めは比較的難しい状況にあったといえる。それに伴い、学内新歓や他の人権系サークルといわれる団体経由で運動に興味をもった、いわゆる自宅生や下宿生が介護グループ内で増えてきたといえる。結果として、相対的に低コストな寮生活だからこそ進学が可能であった家庭とは異なる家庭出身の学生の割合が介護グループ内で増えてきたのかも知れない。前章同様に、「一本立ち」ができないことについては、学生介護者のアイデンティティにとってそれなりに重い意味を持っている語りが、全員ではないがKさんやPさんなどからはあった。Pさんの語りにあるように、実感なく何の基準か分からないような状況で、森が「一本立ち」を認めていくということがあった。そういった基準の不明瞭さは、彼らのアイデンティティの語りに森が大きく関係することを意味する。その傾向は次章にみるように若い世代にも当てはまることになる。

註

(1) インタビュー調査後、Aさん本人に原稿を確認してもらった際に、補足説明を受けることができたので、［ ］内に筆者の補足を加えた。

第5章

2000年頃～ 2010年代の
元・学生介護者を中心とした語り

はじめに

本章では、インタビュー当時（２０１７年）20代から30代の比較的若い世代の語りをみていく。すでにX寮もなかったが、学生介護者らのグループは、学内では〝人権系サークル〟といわれる、在日朝鮮人教育問題研究会、障害者解放教育研究会、部落解放教育研究会などの学内団体のメンバーが集まる大学構内の部屋を利用しながら活動を続けていた。学外では、市民会議や解放の家の活動にもかかわる者が多かった。

1　Hさんの語り

「ああ、俺、森さんに、そこまで言わせてしまった」

Hさんは、取材当時は、30代後半で森の自宅の近隣に住み公立小学校の教員として勤務していた。１９７０年代の終わりの頃にサラリーマンの家庭に生まれ、父親が地方で勉強の環境に恵まれない中、努力して大学に入ったこともあり、Hさんも小さい頃から勉強をするように言われ続けていた。そして、公務員的な安定もあり、小さい頃から公立学校教員になるように勧められていた。ただ、第一志望の高等学校の受験に不合格となり、不本意な高校生活を送った。

そのような状況もあって、結果として「何もなかった高校生活」を過ごしていたこともあり、大学に入ってからは何か人の役に立つことがしたいと思うようになっていた。特に「障害」者に興味があったのではなく、ボランティアや心理学に興味を持っていた。１９９０年代の終わり頃に大学に入学した後には、森の介護グループとは異なり、有償ボランティアとしての「障害」者支援活動に入るつもりでいた。だが、そのボランティアの説明会と同じ日に、森の介護グループの説明会の方が先に開催されていて、偶然先に参加したこちらの説明会で勧誘を受けてそれに応じることになった。

介護グループに入って、最初は介護の様子をじっくり見ておくようにと言われたものの、森の言葉の聞き取りもできず、介護として行うことが少なく「何しに行ってんのやろうと」と思うようになった。自分がこの場にいる存在意義も感じたかったので、森が発言するたびに「タバコですか」と連発したりしていた。森との関係づくりにはなっていなかったと、当時を振り返って語っている。自分からなかなか森に話しかけることができず、「お前、人とどんな関係を作りたいと思っているの？」と森から詰問されたこともあった。

また、森の介護グループ以外にも、部活動も行っていて、その部活動を理由に介護活動を休もうとする際に、介護活動を軽く扱っているような印象を森に与えてしまい、介護拒否も受けたこともある。この部活動の重要な期間の練習を理由に、介護に入れないと伝えたところ、森からは、もう今後は介護に来ることを断られた。

心配した先輩から、介護を断られても、森の家に行って森と話をすることはできるだろうという提案を受けて、とりあえず他の学生介護者が入っている時に、Ｈさんは、森の家の中で正座し座っていた。森は、Ｈさんに話しかけることなく、無視していたが、森が突然、Ｈさんと散歩に行く提案をした。介護拒否中だということに戸惑いながらもＨさんは近所の公園で、タバコ介護をしていた時のことである。

Ｈさん：　森さんがこっち見るとね、こう、「俺も、あの、その、人を信用したいねんけども、なかなか信用出来へん。それはこれまでずっと裏切られてきた経緯があるから、簡単に人を信用できへんようになっているねん」ということを、森さんがぽろっと言いはった時に、「ああ、俺、森さんに、そこまで言わせてしまった」、と［Hさんが］大号泣ですね。

先輩の協力で、ようやく介護拒否を取り下げてもらうようになった後は、森とは別の「障害」者で、在訪先の1人で、重度「障害」のあるキさんが、親元を離れて自立生活を開始するための支援リーダー的な役割を任せられることになる。すでに地域で住んでいるOB等の力も借りて、近隣の大学を訪問し、仲間を募集しキさんを中心とした新たな介護グループを結成することになった。そのことを振り返って「初めて社会にアクション起こした」と語る。それ以降、森とはこの支援をめぐって共通の話題にもでき関係にも少し変化が生じた。

当時、大学にて学生だけで行われる介護者会議では、半分以上の時間が「なう」といって、その週の森との介護活動で、聞き取りができなかった等々の出来事を1人ひとりが話し、意見を言い合うことに費やされていた。表面的な話し合いではなく「お互いに突き付け合うみたいなことが割と当たり前な時間」でもあった。会議では内面をこじ開けて、自己の変革が求められたり、自己分析も行ったこともあった。2000年前後の当時でも「生活掘り起し」もなされ、内面にかかわる語りが重視されていた。当時を振り返って、Hさんは「あの当時はこじ開けるという感じやったから、結果、僕はこじ開けられて良かったなぁと思ってるんですけども」と語っている。

大学は1年間の留年後に卒業し、その後、X大学で介護グループが結成されるより前の1970年代に、森の介護に入っていた元グループ・ゴリラのメンバーの仕事の手伝いをしていた。その後、2000年代の前半に教員採用試験に合格し、勤務地も森の近所となったため、森の近所に住んでいた介護グループの先輩が引っ越すタイミングで、その先輩が住んでいた家に住むことになった。ただ、教員になってからは、祝日を中心としたOB枠に当初は入ったものの、小学校の仕事のほか、自分自身の結婚や子育てでさらに忙しくなったため、00年代の後半から徐々に介護に入ることができなくなっていった。

さらに、２０１０年を過ぎてからは、森自身の体調も悪くなり、聞き取りも難しくなってきたため、フロンティアや一部の人で介護を行うことも多くなり、ＯＢ介護者の枠を決める担当者からも声がかからなくなってきた。そのため、森の最晩年の２０１３年頃からは介護に入ることはなくなった。

それ以降、引っ越しはすることがあったものの妻や子どもたちと一緒に森と同じ地域で住み続けている。取材当時勤務している小学校では、元・森の介護グループ出身の先輩が2名教員として働いている。先輩とはベースとなる活動が共通していることを実感しながら仕事ができている。そして、子どもたちにも授業で森をはじめとする介護活動についても話すことも少なくない。取材日の前月には小学校のお祭りがあり、キさんがＨさんに会いに来ていた。

2　Ｆさんの語り

「引きこもってしまう自分を理解してくれるかとか、そうなったときに、誰に助けてもらえばいいだろう、みたいのがあって」

Ｆさんは、インタビューを行った２０１７年現在、30代中頃で、フロンティアの訪問介護支援員として勤務している。関西で生まれ育ち、X大学からは電車で一時間程度はかかるが、大学と同じ都道府県内に住んでいた。小学生の頃はよくいる目立ちたがり屋の子どもであった。中学校・高等学校では生徒会活動に積極的に参加し、イベントの企画や運営が好きであった。大学入学前に考えていた進路は、両親が教員であった訳でもなかったが、教員以外に大人がしている他の仕事をあまりイメージできなかったこともあり、教員を目指していた。両親は経済的な理由で高等学校に行かなかったこともあり、自分の子どもが国立大学に合格したことに喜んだ。

Fさんが、X大学に入学したのが2000年頃で、当初はサークルの新歓イベント全体を企画・実施している実行委員会に入ろうとしたが、この時期は特に新人募集をしていなかったので、入ることができなかった。この実行委員会には秋からでないと入れないようで、それならば何かの団体に入ろうと探していたところ、実行委員会と同じようにイベントの企画や運営にかかわれそうで、ビラ配りや勧誘が盛んであったのが、部落解放教育研究会（解放研）と、森の介護グループであった。まずは解放研に入り、続けて森の介護グループに入ることとなった。

解放研と森の介護グループは、別の団体であったが、2000年頃のX大学内においては、人権関連の授業を担当する教員の支援によって、先に述べたように「人権系サークル」と呼ばれる人権あるいは人権教育に関係したサークルが利用できる部屋があり、それぞれのメンバーがその部屋に集うことが多かった。高等学校で居場所にしていた生徒会室のように、気軽に利用できる雰囲気があり、Fさんは、この部屋にいることを気に入っていた。ここには、解放研や森の介護グループのほか、在日朝鮮人教育問題研究会、障害者解放教育研究会（障解研）などのメンバーが出入りしていた。

それからしばらく経った1年生の後期には、新歓イベントを企画している実行委員会に再び入ってみたが、解放研や森の介護グループに入って半年は経っていたため、実行委員会のメンバーとは価値観がかなり異なってしまい、実行委員会の活動に魅力を感じなくなり、こちらの活動は続かなかった。

ただ、Fさんは森との関係では、2人の間に一枚壁があるような印象があり、どうもお互いに踏み込んだ関係にはならなかった。

Fさん：「俺はさらけ出している」みたいな、ことを森さんは言うんですね。自分の生活であったり、それこそ、その、「肛門から○○○〔＝男性器〕までさらけ出すしかない、俺は」と〔森は〕言う〔○○○は伏せ字〕。

学生介護者として入っていた当時は、森は「全て」をさらけ出していると思っていた。しかしながら、Fさんがインタビュー当時から振り返って見ると、森も「心はさらけ出してないよね」と思うようになっていた。そして、Fさん自身については、当時は自分自身のことが分かっていないところもあり、森に見せようもどうしようもなかったと、振り返っている。

森の介護では何度か遅刻することがあり、その度に、介護者会議で原因について追及された。なかなか早起きができないのは、介護というものに対する意識が低いからだとか等々の指摘をされることがあった。そういった失敗をしてしまったために、自宅に引きこもってしまった時期もあった。森の介護グループや解放研の心配したメンバーが2、3度にわたり親と同居している家に訪問しに来てくれた。Fさんは家まで来た彼らとも会おうともせず、そのまま自室に引きこもっていた。だが、数度訪問してきてくれたことがきっかけで、活動に顔を出そうと考え直した。

そういう時期もあったが、大学に在学していた5年間を通して、解放の家の活動、在訪チーム、森が理事を務める「あとからゆっくり」のグループホームでのアルバイト等、Fさんは常に森の地域活動とかかわりがある「障害」者の支援にはかかわってきた。

さらに、森の介護グループ以外にも、Fさんと同じ大学に通っている重度の「障害」のある学生の介護グループでも活動するようになった。もともとこの「障害」のある学生は、大学に入学した当時、大学から遠方の自宅から母親がずっと付き添いながら通って授業を受けていた。授業の間の教室移動の手伝いもあり、母親の負担も大きくなっていた。そこで森の介護グループと障解研の両方に入っている学生らの働きかけによって、まずは大学内での教室間移動等の支援を受けるようになるとともに、障解研にも入るようになった。さらに大学2年生になってからは、すでに閉鎖された自治寮とは異なるが、大学内の新しい寮で平日は暮らしながら大学に通うことになった。そして、この平日の学校や寮での生活のサポートをするための介護グループが結成されていたのである。Fさんは、2年生になった頃からこの介護グループに参加するようになった。

その学生とは同学年で友情も芽生えたが、ただ、ここでも遅刻等のミスをしてしまうことがあり、相手の信頼を裏切ってしまうこともあった。そのとき、その学生が自分の力を振り絞ってFさんを殴ったのだが、物理的には激しくなく「おもいきし（思いっきり）ぶん殴りたいけど、こんだけしか殴られへんねん」と言われた。友達として、それだけ自分のことを信頼しているから裏切られたことに怒ってくれていることや、自分のいままでの人間関係を反省するようになった。この時までは、この同級生の介護活動について、自分がなぜ参加しているのかということが分からなくなることもあった。しかし、友達が自分を信頼しているからこそ殴ってきたことがきっかけで、自分が好きなこの友達に会いに来ていて、そこには介護活動がついているだけだと気づいたときに、自分が介護活動に入る答えを見つけて嬉しくなった。

ただ、もともと人が多くて閉め切った場所が苦手だったこともあり、大学の授業への参加には苦労していた。そのことについて当時はあまり自覚できていなかったが、この傾向は大学在学中に強くなっていた。そのため、在学中、大学の人権系のサークルメンバーが集まるたまり場に行くことはできても、講義室のような多人数が集まる部屋には入ることができなかった。そのため、単位の修得も諦め、入学から5年目に退学することにした。

退学してから、次に何をしようと思っていたときに、森の地域活動と縁の深い団体に所属する知り合いの紹介を通じて、福祉施設で働くことになった。学生の頃から通っていた解放の家は、心のよりどころのようなところもあり、解放の家の専従スタッフにもなりたかったが、声がかからず残念に思っていた。

その後、福祉施設を辞めて、森の自宅の近所で飲食業を営んだのち、２０１０年代中頃からフロンティアの訪問介護支援員をしている。その後2017年の本書の取材までの期間に、仕事を通じて知り合った「障害」当事者と結婚することとなった。なお、最初の福祉施設に就職した2000年代後半に解放の家のすぐ近所に住んでいる。近所に住んでいる理由については次のように語っている。「その引きこもってしまう自分を理解してくれるかとか、そうなったときに、誰に助けてもらえばいいだろう、みたいのがあって、だから、あえて解放の家」のすぐ近所に住んでいると。

3　Nさんの語り

(1)「友達を大事にしたいなぁ、大切にしていきたい人間やった」～森に出会うまで

Nさんは、森が住んでいた市からすぐ近隣の市役所で働いている。2017年の取材当時30代前半（1980年代後半生まれ）であった。広島で生まれ育ってきたこともあり、他府県の学校よりも平和に関する教育を多く受けてきた。そのため、のちに森の介護グループを通じて一緒に活動する人たちがかかわっていた部落問題や在日朝鮮人問題というものについては、大学に入る前にはほとんど学ぶことはなかった。

真面目な児童・生徒として生活を送り、中学校はいわゆる〝荒れた〟学校と言われるところに通っていて、学校内で喫煙などをする生徒がいてボヤ騒ぎなどもあったり、火災報知器のベルが鳴ったりすることも珍しくなかった。

そういう生徒とも部活動などを通して良好な付き合いはしつつも、一緒に喫煙したりすることはなかった。重視してきたのは友達や人間関係であった。「友達を大事にしたいなぁ、大切にしていきたい人間やった」と振り返る。友達の相談に乗ったり、学習塾の帰りに友達と深夜まで話し込んで帰宅がおそくなったりすることもあった。そして、大学進学後だけでなく、取材当時も年間何度も地元に帰って、そこでの友達と親密な関係を維持している。

人に対する興味があり、なんとなく心理学を学ぶことを志した。第一志望の大学には合格することができなかったが、X大学には合格し、入学することとなった。

(2)「すごく身体を張ってくれはったなぁ」～知り合って間もない「障害」者らが教えてくれたこと

実家から離れた関西圏のX大学では下宿生活をしながら学ぶこととなった。介護グループに入ったのは、特に劇的な出会いがあったという訳ではなく、大学に入学したての頃のオリエンテーション終了後、別の場所に移動する新入生に各サークルや部活動の勧誘を行う新歓の取り組みがあり、そこで声をかけられたことがきっかけである。

介護グループに入っているこの大学の先輩が、森修について熱く語り、そして、森の前では、自分もNさんも差別する側の人間であると語っていた。それに対して、当時のNさんの自己理解では差別する側の自分というのは、まだ明確にはイメージできていなかったので、森とかかわろうと思うようになった。先輩の案内で、大学で行われた森の講演会に参加したり、森の家を訪問したりするようになった。森には、差別する側としての自分というものは、どのようなことを思って、どんな顔をするのか知りたいという趣旨の言葉を発したところ、森からは、それを理解するには介護に入ればいいと言われて、介護に入るようになった。

そして、初めて入った介護で森は、早速、自宅の2階から1階に移動する際に、Nさんには下半身を支えさせ、先輩には上半身を支えさせた。ただ、その際に、Nさんが森に「どこを持ったらよいのですか」と「持つ」という言葉を使った。本書の「はじめに」ほか何度もみてきたように、この「持つ」という言葉は、森にとっては非常に許しがたい言葉であり、森の表情が大きく変わった。森にとってこの文脈での「持つ」という言葉使いは、人間をモノ扱いするものであり、「これまでの『障害』者がどんな扱いを受けてきたかということを、考えたら僕は耐えられへんのやと」と怒った。その時の森の表情をみながら、Nさんは、日頃から友達や人間関係を大切にしている自分が、自分の一言で相手をこのような表情にさせてしまったことに、衝撃を受けた。

ただ、この日の2階からの移動というのは、この「持つ」という発言について考える機会となったと同時に、別の面でも重要な出来事であった。

Nさん：　会って2回目の人間と一緒に階段を降りて、……（中略）……あのー危ないじゃないですか。たぶん、本人がすごく怖かったと思うんですね。

この日はNさんが、介護に入って初回にもかかわらず、2階からの移動をNさんに任せてくれて、森の学生へのこういった信頼一般について、Nさんは「すごく恩として感じているのは、すごい身体《からだ》張ってくれたな」と語る。Nさん自身は、「本当に、めちゃ不器用なんで物理的な介護［が］下手くそ」で、何度か森を危険な目に遭わせてきた。もちろんこれは、Nさんに限ったことではないが、介護行為と事故は切り離すことは難しい。Nさんも、ある時は、森が車椅子に乗る際に、重心の置き方を間違えて、車椅子ごと後方に転倒させたこともある。またある時には、風呂介護の途中で転倒事故を起こしたこともある。いわゆる体育座りをしているような森を抱き上げた際に、足が滑ってしまい、森とともに転んだこともあった。

介護で事故を起こした時には、介護をやめたいと思ったこともあった。しかしながら、自分がここで逃げ出したら、今まで自分が大切にし、深い悩みの相談にも応じてきた地元の友人にも向かい合うことができなくなると思い、介護を続けてきた。そういう形で、自分自身を築き上げてきたのだといえよう。

実際のところは森の介護がうまく出来ず、森とは合わない介護者が少なくなかった。もしも森が、自分のことだけを考えていたならば、介護技術の高い介護者のみを募っていたであろう。しかしながら、森は介護技術の高い介護者以外からも介護に入らせた。このような理解からすれば、身体を張って学生に向かい合い、学ばせようとしたとみることができる。

Nさんにとって、身体を張って学ばせてくれたのは、森だけではなかった。解放の家の利用者のクさんもその1人だった。重度の知的「障害」のあるクさんに、Nさんがはじめて会ったのは、Nさんが1年生の時であった。当時は、学生介護者の中からある種の当番のような形で、解放の家で活動を行うことになっていた。のびのびした解放の家のお昼の雰囲気の中、その日は介護者として、解放の家で専従として働いていた先輩と上学年の先輩がギターを弾いている時に、クさんが解放の家からふらふらと出かけて、散歩しようとしかけた。Nさんがその後をついて行こうとしたところ、先輩たちに行ってらっしゃいと送られて、そのまま、そこから少し距離のある駅の方に向けて散歩することとなった。途中でクさんが手に持っていたおもちゃを他人の家の塀の向こうに投げたりひやひやさせられたりしながら、Nさんは、クさんについて行った。いつ帰るかということも、どこに行くかということも、その気になれば、Nさんの思い通りになり得ることに気づき、緊張した。そのことについても、「たぶんクさんさんが身体を張ってくれたんやなぁと思うんですけどね」とNさんは語っていた。

(3)「相手の顔が想像できるようなところで働きたい」～自治体職員への進路選択

当事者とのかかわりだけでなく、介護仲間やそれに関連するグループを通じた学びが深まった。とりわけ、人権問題の観点から自らの周りの人たちの状況を語り直すような関係が、Nさんの周りの介護グループやそれに関連するグループにあったのだ。1つには、「被爆者」をめぐる語りである。当初Nさんにとって、「被爆者」とは、戦争の悲惨さを二度と繰り返してはいけないということを教えてくれる語り部のような存在であった。Nさん自身の祖父にも被爆経験があることは、幼い頃から聞いていた。しかしながら、関西で森やその周囲の仲間との関係を通じて、被爆者には、どのような差別や生きづらさがあり、それが1世だけでなく、自分も含めて2世、3世へと続くような「差別される対象」としても語られるのを聞くようになった。そして、森との介護中に被爆者問題についていろいろ話をするようになり、関係する本も読むようになってから、被爆者とは知っていたが、祖父が被爆者手帳を持っているということも帰省した際に知るようになった。そして、関西に住むようになってから、自分自身発症したある病気についても、「やっぱりそことの関連でどうなんだろというところも、やっぱり思い浮かびました」というように、自分自身のこととして語るようになった。

また、さらに、在日コリアンへの差別問題、部落差別問題についても大学入学後の人間関係を通じて語ることが多くなってきた。そして地元の友達ともそういった問題について話す中で、すでに知っていた地元の中学校の生徒の多くが同和地区から通っていたことや、地元でのもともとの知り合いからも、「『あの、俺、（在日コリアンの）3世やで』とか、というような話がボロボロ出てきて、ほんとうに、それまでの18年19年の人生の作ってきたところを、すごいかきまわされる」ような経験をした。自分は、自分が大切だと思っている人のこともしっかりと理解できていないことが分かってきた。このようにして、森をはじめとする仲間との関係を通じて、人権問題の観点から自らの周りの人たちの状況を語り直すようになってきた。

なお、Nさんが在学していた頃は、青い芝の会に関する学習も、介護者会議で、森修生活史編集委員会『私は、こうして生きてきた――森修生活史』をもとに、班分けして、同書について発表する形で毎年なされていた。また、しばらくしてから角岡伸彦著『カニは横に歩く』も出版され、著者に話を聞く機会なども、市民会議等でなされた。ただし、青い芝に関しては森修の原点としては認識しているが、Nさん自身の行動指針等にはなり得るものではなかった。Nさんは、介護のほかにも市民会議をはじめとする活動にも取り組んでいたが、２０００年代の後半には介護者の不足についても気がかりとなっていた。また、大学での心理学の研究をもっと深めていきたいということと、介護者の不足の中、森の介護にもじっくり入りたいということもあり、大学院に進学した。この進学後にどのような仕事に就いていくかということについては、すでに大学3、4年生の頃から意識してきた。

Nさんが大学の学部3、4年生になる頃には、四條畷市に設置された自立支援協議会などに、森の介護者として同席することが多くなった。会議では、森が口頭で話をした後で、確認のためにNさんがその内容を話すという段取りになっていた。しかしながら、参加者たちは森が話をしている時は話を聞いている姿勢にはなっておらず、Nさんが確認のために話をする段になってからようやく聞く姿勢になっていた。その際、森の言葉を聞いている人が、「どれだけこの会議の場にいてんねやろう」と思った。

そういった経験を通じて、会議の場にいる人たちが当事者の意見をもっと聞く必要を感じるとともに、行政サイドに入ることで、できることが多いことを知るようになり、自治体の職員になって行政の立場で働くことを選んだ。ただ、すでに大学院にも進学していたため、森の住む市では受験の年齢制限のため受験資格がなかった。そこで、森が住む市ではないがすぐ近隣の市役所を受けることになる。その市役所を受けた理由について次のように語っている。

Nさん：　なぜ今の市役所かというところについていえば、やっぱりこの土地［森の住んでいた地域］の近くがよかったんですね。……（中略）……ちょっとでもこう、まぁ相手の顔が想像できるようなところで働きたいなあと思ったので今の市を受けたんですけども。

(4)　「森さんは、すごくセさんのことを、心残りというか」～関係をつむぎ続ける語り

Nさんは、大学に在学中からなぜ、介護等の活動をするのかという、周囲からの質問に対して次のように答えていた。

Nさん：　僕は、僕が幸せに、生きていくことしかあまり考えていないので、じゃぁ、僕が幸せに生きていく

ためには、僕とかかわってる人とか、僕と一緒に生きていこうとしてくれている人が、幸せじゃないと、幸せにはなれないと思っているので、それで、やっぱり、かかわる人たちを大切にするってことが、結局僕が幸せに生きていくために必要なことなんだろうなぁっとは思ってますね。

自分が幸せになるためには、自分と関係する人が幸せでなければならず、自分が幸せになるために、関係する人を大切にするということである。そういった理由から、自分が幸せになるための活動であった。そして、そのような自分の周囲の人との関係で一番大切にしてきたのが、森との関係であった。

森との関係を大切にしてきたのは、森自身が、そういった周囲の関係を大事にしていた様子を見せてくれていたところが大きかった。様々な人たちの状況をおもんばかって、家を訪問したり、またNさん自身の失恋に関する相談にも長時間にわたって応じたりしてきた。そういったことも世話になったことも、Nさんは自覚してきた。

Nさんを地域と結びつけていたものに、「在訪」の活動もある。Nさんが訪問していたのは、森と同世代で、森が子どもの頃からの知り合いのセさんという身体「障害」と知的「障害」のある男性である。森は、セさんのことを大変気にしていて、Nさんも森と一緒に訪問していた。セさんの介護は、もともとは家族のみで行っていたが、Nさんのずっと上の先輩たちが在訪チームを結成し、十数年間、何度も家を訪問し、取材当時の数年前でやっと1週間に1度、在訪チームが風呂介護をできるような状態になってきた。そしてそれが縁で、森が亡くなった後も、取材当時もずっと月に1日介護に行き続けている。

Nさん： 森さんとつながった縁で、関係ができて、でー、まぁなんていうんでしょう……（中略）……森さんは、すごくセさんのことを、心残りというか、いざとなったら自分が何とかするんやって、ずーっと思ってはったところだと思うので、あのー、これから先どうなるか分からないんですけど、僕はかかわるところまでは、かかわらなあかんなぁ、とは思っていますねぇ。それはセさん、セ家［家族］自体とのつながりでも、そうなんですけども、森さんとのつながりの中でも要るなぁと思っているところだったりはしますねぇ。

このように、Nさんにとっては、森の死後も森とのつながりが続いており、「［現在、市役所で］でもしょっちゅう仕事しながら森さんに怒られへんかなーとかしょっちゅうあるんですけど、夢枕に立たれたらどうしようかなーとか」等と思う時がある。

4 Eさんの語り

(1)「一緒に遊べるのも介護のうちじゃない?」～子どもの頃の様子と介護グループ入会まで

Eさんは、2017年のインタビュー当時30歳前後で、フロンティアの職員として勤務していた。2010年になる数年前に、山陰地方からX大学に入るため関西に教職志望のためやってきた。建築関係の専門職の仕事をしている父親と高齢者の福祉関係の仕事をしている母親との共稼ぎの家庭で育った。3歳上に姉がいて、その姉は学業成績が非常に優秀であって比べられることもあった。ただ、姉は自由奔放でいたずらをして叱られる様子を幼い頃から見てきたため、自分自身は何をすれば叱られるか分かり、要領よく振る舞ってきた。Eさんがこのような姉と比べられる際に、学業面では及ばないが、行動面では手がかからないと褒められてきたこともあり、親をはじめ大人の顔色をよくうかがうように育ってきた。そして、学校においても、友だちとあまり喧嘩をするようなこともなく、物わかりのいい子どもであった。なお、「障害」のある子と頻繁に交流等をしていたわけでもなかった。

教員志望を1つの選択肢として考え出したのは、中学校の2年生か3年生になった頃からであった。この頃には数学が面白いと思っていて、放課後に学校で他の生徒と一緒に自主的に行っていた勉強会で数学を教えたりしていた。姉と同じ地元の進学校の高等学校に入学した後も、定期テスト前等に学校に残って友達に理系科目の勉強を教えるようになっていた。自分が教えていて、友達が勉強内容について「分かった」というのも面白く感じていた。そして、明確に教員を志望するようになって、大学受験浪人をしたのち、第一志望の大学の入学試験には合格しなかったが、X大学には合格し、大学の比較的近所で下宿生活を開始した。

森の介護グループに入ったのは、大学入学直後、部活動やサークルの勧誘のスペースを通りかかった際に、たまたまグループの先輩から声をかけられたことがきっかけであった。誘われて断るのが苦手で、そのまま入っていくことにはなるが、介護グループに入った理由はそれだけではなかった。

自分に声をかけてきたその先輩は、勧誘の際の話によると、もともとは教職志望であったが、森との出会いを通じて自分を見つめ直して、Eさんに勧誘のために声をかけた時点では、別の進路へと変更していた。Eさんが思うには、介護活動の経験をしっかり話してくれるこういう先輩ならばきっといい教員になるのに、どうして教員になることに否定的になり、進路変更したのだろうかという興味もあった。その先輩とは連絡先を交換し、学内外で食事へと誘ってもらったりする関係になり、まずは、解放の家のイベントの運動会にもかかわるようになってきた。

この運動会では、その先輩と、Eさん、そして、Eさんより少しだけ年下の知的「障害」のある子どもと3人で一緒に楽しく遊ぶようにして過ごしていた。運動会の終了後、先輩から、今日の運動会はどうだったかと感想を聞かれたので、楽しかったということを話した後に、今日は介護活動がなかったという自分の発言に対する先輩からのリアクションに驚いた。

Eさん：　僕、その時はもう「この人達は介護している人達だ」というイメージがあったので……（中略）……、「でも僕は介護全然しなかったですけどね」とぽろっと言ったんですよね。その時に、その先輩が、「まぁ、そうやって一緒に遊べるのも介護のうちじゃない？」「そういうのも要るんじゃない？」ということを言ってもらって、「ああ、そうか」みたいな。その衝撃は結構、僕にとっては大きい。

そして、その日のうちに、この介護グループには入るつもりになっていた。母親にもメールで介護グループに入ることを伝えたら、お前が介護するのかと驚かれながらも、母親も福祉関連の仕事をしていることもあってか、否定的な言動は特になかった。

(2)　「やべーところに来たなぁ」～森との出会い

それからもその先輩と何度か食事をしたりしていた。森は、この頃にはすでにX大学内で非常勤講師として講義を担当しているとともに、講演会も行っていた。やがて、Eさんは森の家に遊びに来てみないかと先輩からも誘われて、ついに森の家に行った。初めて森と話をする際には、森のいわゆる言語「障害」によって、聞き取りが非常に難しく感じた。先に書いた人の顔色をうかがったり、断るのが苦手という傾向の他、人と衝突したりするのも苦手であったため、スムーズなコミュニケーションにはならず焦っていた。

森の方ではすでに、Eさんが解放の家の運動会に参加していること等も知っていて、なぜ、「障害」者のイベントにかかわろうと思ったのかとEさんに聞いた。教職志望のため、「障害」者とのかかわりの中から学ばせてもらうことが大切だと考えたので、その旨を森に伝えたところ、Eさんの想定とは異なるリアクションが待っていた。

Eさん：　で、「ちょっと勉強させてもらえたら」みたいなの［みたいなこと］を言った時に、森さんから、「『障害』者は勉強、お前らに勉強させるために生きとるんではないで」みたいなことを言われて、もう、僕は、何も言えんくなって。

森からは感心されて、褒められると思ったところ、むしろ逆のリアクションであった。聞き取りも難しい上に、このようなリアクションも待っていて、「やベーところに来たなぁ」と思った。しかしながら、帰りにはこの関係者間ではおなじみのセリフで、「で、君いつから介護入る？」と森から聞かれて、少し先の日程ではあったが、次の約束をしてしまうことになった。

そして、介護活動にも本格的に入るようになる。Eさんの学年の学生介護者は6人と多かったが、森からは、Eさんを叱りやすかったらしく、当初はよく叱られていた。例えば、タバコ介護では次のように叱られていた。

Eさん：　それ［＝タバコ介護］への、リアクションが、［森の言葉を］聞き取れんということがあったのかも知れないけど、リアクションがないとか、お前ちゃんと聞いとるんかとか。

2010年になる数年前は、介護者の人数も多く、同時に入る介護者も複数人いて、すでに書いたことだが（→28頁参照）、タバコ介護にしても、森の「タバコ」という一言に複数人が同時にリアクションするような状況であった。

(3)　「本音で」話せ～内面の語りが要求される仲間

森との関係では、出会ってはじめの頃、叱られるということが多かったということの他、Eさんの本音は何なのか、本音で話すようにということを、森からずっと言われ続けていた。

Eさん：　森さんからずっと言われていたのは、1回生の時ですね。全然、なんか何を言っているんだ、わけ分からないなぁ、と「本音で」、と言われてもなーって、ずっと悩んでて。

Eさんにとっては、そもそも、「本音」が何か分からなかった。そのことについて、Eさんは次のように説明している。

Eさん：　何かが起こったときに、ほぼ、たぶん、反射的にだと思うのですけど、「何《なん》て言ったら、褒められるかな」ていうところから考えがスタートしてたので、〝僕が思うこと〟っていうのはそこがスタートだったんですよ。

幼い頃、姉との対比で、要領よく行動して褒められる経験を積み重ねてきた中で、「僕が思うこと」と、相手に〝言ったら褒められること〟との区別がないに等しかった。そして、森は、その「僕の思うこと」を「本音」として聞き出そうとしてきたのだとEさんはのちに振り返るようになる。

森の言う「本音」の意味がよく分かるようになったのは、大学2年生の春に、解放の家の花見イベントでレクリエーションを担当した際の出来事がきっかけであった。レクリエーションを実施するためにあれこれ準備していたが、イベント当日は、桜が満開の日だったため、このイベント以外で花見をしている人が非常に多くて、そのレクリエーションは中止になった。

いつもならば、相手の顔色をうかがって何も言わないところであるが、今回は「『僕が準備したこれは何だったんだ』みたいな……（中略）……ちょっとショックを受けとったりとかしてい」たことに気づいた先輩が、じっくりとEさんから掘り起こしてくれた。その日の夜に時間を取り、夜桜を見に行こうと誘ってくれたその先輩に、思いをぶちまけた。当時を振り返ってEさんは次のように語った。

Eさん：　……（中略）……お花見の時に、本音、というか、愚痴、というのか、ばぁーって、吐露しちゃった時に、ふんふん、ごめんね、とちゃんと聞いてくれた、というのが、たぶん、僕にとっては、一番大きかったな。ターニングポイントはあれだろうなと。

それ以降、全ての仲間に本音で語るということになったというわけではないが、まずはその先輩には本音で話すことができるようになった。そして、徐々に相手に合わすだけでなく、自分の本音も言えるような関係を周囲と築くようになっていった。逆に、大学入学以前の友達とも喧嘩もしなかった生活が実は息苦しいものであると考えるようになった。つまり、それまでは文句を言うこと、誰かを嫌いになること、嫌だと言うことはタブーだと考えていて、友達と喧嘩にならないような言動を選んで行動していたことに気がついた。この「ターニングポイント」は、森ではなく先輩からの働きかけがきっかけによって生じたが、Eさんにとっては、もともとは森が「本音」ということで執拗に聞いてきたことが核心となって語られる経験である。

(4)「そういう共生の仕方でいいのか」〜介護の継続と、この地域で見つけた関係

Eさんは、それ以降も、イベントの企画の他、当事者をはじめ解放の家に出入りする人たちとかかわり続け、解放の家の雰囲気が気に入っていた。やがて、解放の家で開催される市民会議の定例会議にも参加するようになるが、森の介護についても「週に1回の介護から抜ける気はなかった」と語っている。大学1年生以来、毎週1回ずっと通い続けてきた。

当時は、大学の教員からも、介護グループの学生たちが、介護を理由に授業をサボったりしているように理解されているとEさんには思えた。また、介護者グループの間に授業よりも介護を重視する雰囲気があるようにEさんは感じていた。

Eさん：　授業と介護がかぶった時に、授業をとるっていうことを選べない空気感というか、「そんなことは許されない」みたいな、空気感みたいなものが、少なくとも僕は感じてたんですよ。

それに対して、自分にとっては介護も重要であるが、授業が介護ほどは重要ではないわけでないとEさんは、考えていたので、「そうじゃないぞっていう姿、というか、そうじゃないぞと、ということを、ちゃんと、その、大学にも見せないといけない」と、Eさんは思っていた。1週間に1度の介護とともに大学の授業も「やりきって、で、何ですかね、それが、それが、何ですかね、あのー、僕にとっては、僕にとっての、その大学生活のアンサーなんですじゃないですけど、僕が介護をやっていたっていうことのアンサーなんだみたいなことにしたかったんですよ」と、「アンサー」として大学の教員らに、介護とともに大学での学業にも真面目に取り組んだということを示そうとしていた。

実際には、授業よりも介護活動を優先せざるを得なかったこともあったが、教員を目指して4年生になり、教育実習にも行った。だが、ここで進路を考え直すことになった。高等学校の教育実習に行ったところ、慣れないうちは仕方がないことであるが、担当科目の授業準備の部分だけでもかなり苦労した。その上、出身県の独自のカリキュラムやクラス運営等もやっていくスキルを獲得するとなると、教員として「そんなのをちゃんと準備できるようになるまでもたない気がするなぁ」と自信がなくなってしまった。

その頃は、NPO法人「あとからゆっくり」が、解放の家にスタッフを派遣していた（↓63頁参照）。そして2011年からは市民会議が解放の家の運営を行うようになった。この当時の解放の家は、法人格なしで小規模作業所として運営されていた。だが、2012年度からはその制度も使えなくなってしまうことになった。そのため、解放の家の存続が難しくなっていた。市民会議としては、そのことは致し方なく、解放の家を存続させて運営することはできないという話が出ていた。解放の家を存続するためには、地域の事業として「地域活動支援センター」

などの事業を市から委託してもらわなければならないが、そのためには誰か中心となる担い手が必要であった。1人は長年地域で活動している先輩の他、もう1人必要であったにもかかわらず、周囲から名乗りを上げる者がいなかった。その時、関係者からも「残しましょう、残しましょうというくせに、誰も残らないんでしょう」という声があったことについても、気になっていた。

このままでは、あっさり解放の家がなくなってしまうことが悔しくて、自分が残って解放の家が地域活動センターとして運営される際のメンバーとして働くこととなる。その時の心境は次のようなものであった。

Eさん：　僕も解放の家とかに参加しとって、楽しいなぁ、とか思っていたのは、ずっと思ったりとかしていて。解放の家って、なかなかいいとこだね、みたいな話とかもその中で聞いていたので、一生懸命積み上げ、いろんな人達が積み上げてきたようなものが、あるなぁ、というのが、おぼろげながらもその時もちょっとあったんですけど、それが、まぁ、制度切れるし、人、やる人もおらんし、潰しましょうか、みたいな選択肢が出て、「それだったら、しょうがないね」って終わるのが、なんていうかな、ただ、単純に悔しかったんですよね。やだなぁみたいな。その終わり方はないなぁ、みたいな。終わらせるんだったら、ちゃんと、終わらせましょうよ、みたいなくらいの感じで、その終わらせる準備が整うまでくらいだったら、やりますからくらいの感じではあったとは思うんですけど。

この時、解放の家の存続が難しくなり、Eさんが、「終わらせるんだったら、ちゃんと、終わらせましょうよ」と考えたもの、簡単に終わらせるのが悔しかったものとは何だったのか。Eさんは、解放の家は自分にとって「お世話してあげている、お世話されているみたいな、感じの空間ではなかった」と語っている。

Eさん：　クさんと、何かして一緒に遊びましょうよ。そこで、どうやったら一緒に遊べますかね。……（中略）

……なんですかね、僕は僕でやりたいことがあるし、あなたはあなたでやりたいことがあるし、それを、トータルで、ちゃんと、実現しましょうよ、みたいな、できるんだったら、それとそれをセットにして一緒にやったらいいんじゃないのくらいの。ような感じの空間に僕は見えていて、……（中略）……そういうのがいいなって思って、で、参加している人達も、解放の家いいわ〜［「よい」の意］みたいな感じのこととかを言ってたりとかしていたので、ここは相当いいとこだなぁと、みたいな。

ここは、「障害」者のために何かをするということが前面に出ている場ではなく、「障害」の有無に関係なくそこで一緒にいる人たちが一緒になって楽しんでいこうというような空間となっていた。そして、一緒にいる人と人との関係を次のように語っている。

Eさん：　なんていうかな、そういう共生の仕方でいいのか、みたいな。……（中略）……ああ、そんなもんでいいんだなぁ、みたいな、そんなもんでいいんだなと思ったのが、その、社会的にかどうかは分からないんですけども、すごい重要なことなんだなぁ、みたいなのが、なんとなくあったんじゃないかなと思います。

その後、解放の家は、２０１３年度からはＣさんと森が作ったフロンティアが、生活介護事業所として運営されるようになり、Ｅさんは、そこの職員として働くこととなった（現在は、理事長として勤務している）。

5　Iさんの語り

「そういう意味では、ちょっとこっちの運動奪わんといてよ」

Iさんは、2017年の取材当時、30歳になる少し前で森の比較的近隣に住み、森と同じ市内の小学校で非常勤講師として勤務していた。1990年前後に、森と同じ大阪府内ではあるが、電車を乗り換えて1時間半近くかかる地域で生まれ育った。教員を目指すようになったのは、子どもの頃読んだ、漫画が1つのきっかけであったほか、教諭として勤務している母親の後ろ姿もみて悪い印象も持つ職ではなかったということも関係している。地方公務員だった父親は、福祉関連の部署にいた事もあり、幼い頃に地域福祉イベントとしての運動会などに連れて行ってくれたことがあった。そうった経験が、その後の自分の介護活動に影響を与えたかも知れないと振り返っている。

地元の公立小学校に通っていた頃は、「障害」のある子どもとかかわり合う機会があった。その後、私立の中学校・高等学校一貫校に進学したこともあり、学校では「障害」のある子どもとかかわる経験が不足していると考えていた。そのため、大学では「障害」のある人とかかわる活動をしてみたいという意識があった。そういう意識があった1年生の春に、Iさんに最初に声をかけたのが、森の介護グループであった。森の介護グループでは他の介護者同様、言葉づかいの注意を厳しくされた。例えば、森自身が担当している授業で森の話をした内容を、うまく聞き取れなかった受講者のために要約する行為を指して「通訳」と発言した。すると、先輩からは「森さん、しゃべっているのは日本語やで」とかなり厳しく指導された。

森の介護のほか、解放の家に出入りすることも多く、ここを居場所のようにも感じていた。大学では、同時に、体育会の部活動にも参加していた。この運動部と森の介護については、参加しなくなると仲間から叱責されるので、やめずに続いた。それに対して、大学の授業には欠席しても特に叱責されるわけではないため、出席しなくなっていた。

授業に出席しなくなっていたIさんに対して、森は「学校行かへんのやったら介護拒否するぞ」と語った。この頃、同学年の学生介護者は多くいたが、後輩で介護グループに入る学生は少なく、Iさんが卒業する頃には介護者不足は深刻であった。実際にはIさんが介護に入らなければ非常に困る状況下で、介護拒否をすると言ってくれたのは、森が自分を心配しつつ信頼してくれているからである。このことについて、Iさんは次のように語っている。

Iさん：　僕の受け取り方次第で「やったラッキー！　介護いかんですむわ」って思えるわけですから。「Iさんは」そう思わへん奴やって思ってくれたんやろなぁっと思うし。そこまで言ってくれたんやったら頑張ろうみたいなのを思ったり。……（中略）……何やかんや言うてね、ありがたかったですね。

森がそこまで言ったものの、大学の授業にすぐには出席することはできず、最終的には、2年留年することになる。ただ、こういった森の言動に触れる中で、Iさんは森に惹かれていった。卒業後は、このような介護者不足もあり、OBとしてあと1年半は、森の介護活動に、昼・夜の枠で週1、2日入ることにした。Iさんの場合、重度訪問介護従事者の資格を持っていたため、交通費と少しばかりのお金が出るようにはなっていた。ちょうどこの頃、自分の教員採用試験準備のスケジュールも考えて、その1年半の間に、介護グループに、森の新しい介護体制を組んでもらえればと考えていた。「特にこだわりがあったわけではないですけども、このまま抜けるのもなぁと」思い、また、このまま介護体制がうまくいかなくても、自分としては「何かとやかく言われても「自分は長い間介護を」『やったやん』」と言えるくらいにしたわけだし、仕方ないことだと考えていた。

その1年半が経った後、森の自宅からも自分の実家からも遠方の学校に非常勤講師として1年間勤務するようになった。その際、介護グループのOB枠の管理担当から声をかけられて、月に1回、土日祝日の介護枠に入るようになった。非常勤講師をしながらも継続する理由については、「ここは僕自身の中で、大事やなと思ったし、なんやかんや言って、残りたいなという気持ちはあったので、ほんで介護枠じゃなかったら、来なくなりそうな気がしていたので」と語っている。遠方での仕事をしながら介護活動に入るのには苦労したが、森に仕事の悩みを聞いてもらったり、一緒に映画に行ったりして、癒やしの時間であった。

遠方であったためその非常勤講師の仕事は1年で辞退し、その後も森の介護も継続しながら春から数ヶ月間アルバイトをしていた。その間に、介護グループOBで教員をしている先輩から森の居住地の近所の小学校の非常勤講師の話を持ちかけられ、実家から森の近所に住むことを決定し、森に「（介護や訪問に）来やすくなりますね」と言っていた。だが、森はそのすぐ後の2016年7月に亡くなってしまう。

森の死後も、在訪を、取材当時も1ヶ月に1度は続けていた。大学を卒業した頃から森や先輩OBに勧められて入るようになっていた活動である。続ける理由については「森さんから誘われたなぁっていうのもあるからかなぁ、どちらかと言うと。まだ、まだ今の段階では。セさんとのつながりと言うよりも森さんとのつながりで続けている感じ」と語っている。それは、在訪先のセさん本人には悪いが本人への思いというよりも、森への思いから続けている面の方が強い。

在訪はあるものの、森の死後は、自分の介護について周囲に語る機会もなくなってきた。そのことに関する思いについて、Iさんは次のように語る。

Iさん：　昔やってたことって、なかなか、職場の人となかなか語り合わないじゃないですか。酒飲んだりするくらいしかできないから。そういう意味ではちょっとやっぱりねぇ、イタイなと、亡くなりはったことは。

会話できないから。そういう意味では、ちょっとこっちの運動奪わんといてよ、と。［介護活動についての話をしにくいやないかと。

6　Dさんの語り

(1)「健全者が〝ふつう〟」で～恩師に憧れて大学に入学したところ

Dさんは、インタビュー当時、Cの経営する行政書士事務所で働いていた20代の男性である（1990年前後生まれ）。現在は、森が住んでいた街で、妻や子どもと一緒に住んでいる。事務所で働くとともに、フロンティアの事業としてガイドヘルプなどの仕事も行い、「障害」のある人たちの外出支援も行っている。また、社会活動についても、大学在学中から在訪グループに所属しながら続けている。

Dさんは X 大学からは比較的近隣の他府県で、X 大学に通学するには遠い街で生まれ育った。教職を目指すきっかけとなったのは、小学校の中学年の頃の担任のようになりたいと思ったからである。Dさんはこの教員が担任となっていた時に、クラス内で子どもたちの派閥抗争が原因のようないじめを経験し、結果として不登校状態になった。だが、担任の教員の働きかけで学校に通うことができるようになった。

それ以来、教職を目指すようになった。そして、中学校、高等学校に進学してからも、その教員とは数ヶ月に1

度会うくらいの関係であったという。入学希望の大学は、教職を目指す上でふさわしいということと、入学試験の科目配当が当時の自分にとって有利なX大学のある専攻を選んだ。そして現役合格し、この世代の学生介護者と同じく、森の介護グループの新歓イベントで勧誘されることとなった。

新歓イベントでは、勧誘する先輩が、介護グループの活動内容を紹介したのちに、Dさんがこれまでに、「障害」のある子どもたちと一緒に学んだことがあるかどうかということについて質問した。それに対してDさんが、〝ふつう〞という言葉を使って説明しようとした。すると、ちょうどこの年の介護グループの勧誘ビラのタイトルでは、「ふつうって何?」というような見出しが書かれていたので、勧誘する先輩にとってはここぞと言わんばかりに語り始めた。

つまり、〝ふつう〞というのは、「健全者」中心に考えられた基準であり、その結果として、障害者は、この〝ふつう〞によって自分が否定されているように感じる場合がある。そして、君が将来教員になった時に、「健全者が〝ふつう〞」で、障害者がそうでないというような感覚を持ち続けていたら、子どもを傷つけてしまうのではないか――そういう話に、Dさんは驚くとともに、納得した。そこで、障害のある人たちとかかわることで勉強させてもらっているという彼らを通じて、1度、森に会ってみようということになった。

(2) 「やめるって言ったらボコボコにされるっていう感じじゃないですか」～やめることの困難な学生介護グループ

この当時、Dさんと同学年で森の介護グループに入った学生は、6名いたが、上手に介護ができる人とそうでない人というような形で、3人ずつの2グループのように区別できるような状況であった。Dさんは、「できない人」みたいなグループの介護者として、そんなに多く介護を任せられた方ではなかった。他の介護者は、入浴介護等も必要な夜の介護枠を任せられたりしたのに対して、Dさんはずっと昼の介護枠を任せられていた。しかも、当時、同じ時間帯で入る3人の介護者の中で、Dさんには、タバコ介護や車椅子から降りる際の手伝いといった軽い役割しか与えられてこなかった。やがて介護活動を続けていく意味も見失ってしまった。

Dさん：　行ってる意味がなかった。ないと思いました。そう、僕、何してんねやろと。思って、昼1日潰して、よう分からんおっちゃん［の］所に行ってタバコの煙に巻かれ。

軽い役割しか与えられない状況が3年生まで続き、トイレ介護や食事介護といった重い役割については、自分ではなく新入生の方に与えられるようになり、Dさんは介護者というポジションではなく「訪問」での枠で入るようになったりしてきた。

介護グループをやめることも考えたりしたが、やめようとすれば、介護者会議での許可のようなものが必要でそこを説得する根拠も見当たらなかった。学生時代の活動については、「抜けたいですよって言い出す勇気がなかっただけな気がするんですよ」と振り返るとともに、「やめるって言ったらボコボコにされるっていう感じじゃないですか」とも語っている。グループをやめたくてもやめられない中で、実際の活動に全く参加しなければ、これはこれで仲間からは、問題視されてしまう。そういったこともあり、解放の家での活動に月に1回程度参加していれば、特に他のメンバーから非難されることがないため、そういう消極的なかかわり方をしていた頃もあった。

しかしながら、このままではDさんが介護をやめたりすることを心配した他の学生が森と話をしたらしく、次にDさんが介護に行った際には、森は急にトイレ介護をDさんに任せるようになった。そして、少しずつ参加の仕方も変わってきた。4年生になると、履修する授業の数も少なくなり、後輩に無理をさせて介護枠に入れさせるよりは、自分が介護に入った方がよいと考えるようになってきた。昼介護で週に2枠入っていたという。

(3)「僕は違うと思ってもらいたい」～かかわり続ける

ただ、こういった介護活動から学んだことはどのようなものか、という私の問いに対して、Dさんは、「何か、学生時代、森さんからはどうのこうのとあまり出てこなくて」と語っている。むしろ、在学中の学びのようなものとしては、在訪先のテさんとのふれあいの方が大きかったという。

テさんというのは、Dさんが学生の頃に30歳前後で、重度の知的障害のある男性である。テさんとは、先輩方との在訪あるいは、一緒に「おでかけ」という形で、かかわりがあった。言語によるコミュニケーションは若干難しいが、一緒にプールに入るのを楽しんだりしていた。Dさんから母親に電話があって、本人もプールに行くのが分かると喜んでプールに行くための準備を自分で始めたりしていたという。森の介護活動ではあまり上手く行かず、障害のある人々の支援に関しては自信をなくしがちだったDさんにとっては、テさんとのこういうかかわりは喜びを与えるものであった。

多くの大学生がテさんの家庭を訪問し、一緒に「おでかけ」等の交流をしてきた。テさんとの関係に限らず、多くの大学生が活動中には「みんな、学生の時は、ここのかかわりは、一生のかかわり」と、ここでの人間関係がこれからも続くというようなことを熱く語る。しかしながら、実際には卒業後は、彼らとかかわることはない。テさんの家族の前では、大学生はいつもそういう形で、在学中は勉強させてもらいましたと言い残して、彼らの前を去っていっているのではないか。

Dさん：　その人らは、ええ勉強をさせるために生きているんじゃない、と思うんですよ。なんか、「勉強なりました。じゃあ［さようなら］」、はあまりにもなんか、申しわけなくて、ひどいかなと。

しかし、「僕は違うと思ってもらいたい」と、Dさんは思っていたという。このまま、テさんと離れてしまうと、彼からは「友だち」としても認識してもらえないのではないか。自分はどうやったら、テさんと友だちになることができるのだろうか、と考えた時に、「かかわり続けるしかないかなって」と考えたという。

そのかかわりへの思いだけでDさんがこの地域にとどまったのか、という私の質問に対して、Dさんは端的には「教採［教員採用試験］落ちたんですよね。そもそも、そんなに、こう勉強もせず」と答えた。教員採用試験で不合格となった場合、1年契約の講師として学校教育現場で働くことが多く見られるが、Dさんはガイドヘルプやグループホームで仕事をしながら社会経験を積むこととなった。Dさんの様子を日頃から見ていた森からは、もっと社会経験を積んでから教壇に立った方がいいのではないかと言われていたことも関係した。社会経験の必要を説く森を説き伏せてまで教壇に立つ意欲もなかった。

ちょうど、ガイドヘルプなどの仕事をするようになったのは、立ち上げ時には森が代表理事をしていた、NPO法人あとからゆっくりの方で、人手不足があり、声をかけられたからであった。そして、学生時代はそれほど関係も深くなかった森とも、やがて夜の介護も任せられるようになり、この頃から学生時代よりも親密になってきた。森の家に泊まり介護で1週間に1枠、あとからゆっくりの仕事としてグループホームの方で2、3枠入るようになってきた。

(4)「笑って、薄いところで、すませてしまおうと」～雀荘にはまる

ただ、卒業し、グループホームでの宿泊の仕事などを通じて収入が増えてくるにつれて、地域の雀荘に頻繁に通うようになってきた。夜の介護枠、グループホームの宿直、そしてガイドヘルプ以外で起きている時間の大半を雀荘で過ごすようになっていった。やがて経済的にも行き詰まるようになり、食事代も足りなくなってきた。かろうじて支払えた光熱費のおかげでお湯を飲んで飢えをしのぐようなこともあり、精神的にも荒廃し、人にも優しくできなくなってきたという。

そうした日々が続いていたある日、森が、生活が荒むような麻雀の仕方を「やめたほうがいいのは分かるー?」

とDさんに聞いてきた。Dさんも、自分がそのくらい麻雀に取り憑かれたことについてストレートに突きつけられたことに動揺しながらも、最初は軽く受け流そうとした。

Dさん：　なんかこう、僕の、たぶん、癖《くせ》なのか人付き合いで、笑って、薄いところで、すませてしまおうとするところがあるような気がしていて、その時は僕の中では「やべっ」て、ちょっと思ったんですけども。

この時、森は、Dさんが、そうやって受け流して自分のあり方に深く踏み込まれるのを避けようとするのを許さなかった。森の妻を呼んでくるようにDさんに指示し、3人でちゃんと話をしようということになった。そして、雀荘に「行きたくなったら、とりあえず家《うち》に来い」、「お前やったらいつでも来ていいから」と言ったという。森の連れ合いも一緒になって、食事をいつでも食べにくるようにと誘ってくれた。それは、1人で苦しんでいたDさんにとっては、救いの言葉となった。

それ以来、宿泊の仕事や介護のない夜は、雀荘に行くのではなく、森の家に行くようになった。「自分家《じぶんち》やと思ってええから」と言ってもらうようになり、食事の提供を受けるようになり、森の家にも介護者ではない立場で泊めてもらったりする日もあった。泊まることで、他の介護者の様子も見ながら、森と、そしてその妻と一緒に過ごす時間も多くなってきた。そうした中で生活のリズムも改善し、家できちんと睡眠をとり仕事や、森の介護枠に入るようになってきた。

(5)　「受けた恩を返すには、どうしたらええんかなって」〜この地に残る

そして、森と森の妻のおかげで生活が順調になってきたその矢先に、森の風呂介護の途中で彼を倒してしまうという事件が起こってしまう。他のメンバーと2人で森の風呂介護をすることになっていて、自分が先に風呂場で森を支えながら、もう1人の介護者が入ってくるのを待っていた。実際のところその介護者はつい眠ってしまってい

たのだ。そのことが分からず、どうしたものかと、森を支えつつ風呂の扉を開けて、もう1人の介護者を呼び出したちょうどその時に、森の意思とは関係なく生じる不随意運動が起こり、バランスが崩れて倒れてしまった。必ずしもDさん本人に責任があるとはいえないが、森から厳しく怒られることとなった。

これだけ世話になっておきながら、倒してしまったことに対して、悔しくてたまらなかった。そこからは何度も謝罪しながらも、森にはもう風呂介護に入れさせてもらうということがない日が続いた。ところがある日、突然、森がDさんに風呂介護をするように命じた。そして、おそるおそる風呂介護を行い、無事終えることができた。それ以来、風呂介護も再び任せられるようになったある日の夜、Dさんと森が2人だけで公園を散歩することになった。夜中の公園でゆったりと過ごしているその時に、森が「お前、次、専従な」とDさんに専従介護者のポジションを次年度から任せると告げた。それに対して、Dさんは、「受けた恩はちゃんと返そうかなと思って」、引き受けることとなった。

この段階での専従というのは、雇用上は、フロンティアに就職するという形になっていた。その時点で、大学卒業後約3年目になり、この頃にはもう教員になる意欲が少し弱くなっていた。また、この頃には介護者の数も減少し、仮に自分が教員となると、介護枠が埋まらなくなるような状況になっていたため、その観点からも自分が今、教員になっていくことは困難だと考えていた。ただ、純粋に経済面だけでいえば、フロンティアで就職する場合には、公務員としての教員ほどには、安定が見込めなくなってしまうため、悩みもあった。

そのような時に、Dさんの背中を押してくれたのが、当時、Dさんと交際中で当時学生だった女性であった。彼女もまた、同じ地域内の別の介護グループで大学生の頃から活動していて、一緒にフロンティアで働きたいねと彼女は言ってくれた。彼女もまたこの地が気に入っていた。そして、この地域で一緒にフロンティアで働き始めることとなった。森や世話になった人たちへの恩を返すためにこの地に残ると決心した頃の心境については次のように語ってくれた。

Dさん：　僕のこの思いを、思いというか、その受けた恩を返すには、どうしたらええんかなって、考えた時に、やっぱ、もう、かかわり続ける［こと］しか出てこなくて。

それからこのインタビューを行うまでの間の5年間、例えば、森が亡くなった際には、転職も考えた時もあったという。しかしながら、この5年間の間でも、新たに自分の支援を必要としてくれる、重度の障害のある若者のソさんとも出会うようになり、考え方も変わってきた。

Dさん：　僕が介護の仕事を選ぶことによって、僕が大切に思っている人たちが、まぁまぁ、良い生活ができるんやったら、まぁ儲けもんやなと、思った。

そして、その若者のソさん以外にもフロンティアの職員として働き続けて、いろんな人の生活を支えることで「森さんの恩にちょっとは報いれるかなと思ったんです」と語り、そういった人間関係を断ち切ってしまうことについては、「何か嘘になっちゃう気がして。今僕がこう言っていることとか、かかわりとか」と語った。そして、その後、フロンティアでも仕事しながら、Cの経営する行政書士事務所の職員としても働き続けている。

7 Jさんの語り

「お前はそのままでいて、周りの人はどうなっている」

Jさんは、取材当時の2017年、20代後半で森の居住地の小学校で講師として勤務していた。関西に来るまでは東北地方で生まれ育った。地元で過ごした子どもの頃はバスケットボールとテレビゲームに夢中になっていた。進路選択を迫られた際に、なかなかなりたい仕事が思いつかなかったが、もともと社会の役に立ちたいという思いと、小学校が楽しかったという思いがあり、小学校教員を目指すことになった。また、Jさんが高校2年生の頃に、「夜回り先生」として知られている水谷修による子どもの支援活動について、テレビ番組で知ることとなり、支援対象となる子どもが経験したいじめや非行の状況についてショックを受けた。いじめや非行問題について研究し、同時に教員免許を取得できる大学ということでX大学を受験し、入学することとなった。

小学校や中学校では、「障害」のある子どもが同じ学校の支援学級にいたが、特にかかわりを持つことはなかった。高校も進学校に通い、「障害」のある人とのかかわりもなかったこともあり、教員になるためにも、そういった人たちとどうかかわったらいいのか知りたいと思って、森の介護に入ることになった。介護自体にはそれほど興味があるわけではなかった。

Jさんにとって、それまでの人生で刷り込まれていた「障害」者のイメージは、「できない」、「してもらう」、「『ありがとう』(を)言う」といった存在であった。しかし、自分が介護活動に参加することになって、重度で自由に身体を動かすことが非常に困難な「障害」者が、健常者に何かを指導したり、その面倒をみたりすることを目の当たりにすることで、このイメージが変化した。森を中心とするこのつながりは、森に自分たちが育ててもらう「道場」のようにも思えた。

衝撃を受けたのは、学年が3つも上で、日頃から「障害」者問題について語り、介護にも熱心に取り組んでいる先輩がある日遅刻してきた際の様子であった。この様子について次のように語る。

Jさん：［先輩が遅刻してきて森の家に入り］ものすごい形相で、［音が］ガタって、あの、リビングに入ってきはって、荷物もなんか、バーンと［荷物］ぶちまけてですね、とにかく森さんに会いに来て、生存確認、生きていらっしゃるのかとか、まぁ、生きているんでしょう。で、森さんに、こう、すぐ駆けつけて「すいませんでした」と言って正座をしているみたいな。森さんが車椅子で座りながら、その正座している先輩をにらみつけている光景というか。

Jさんは、まだ介護に入りたての頃から、1対1で森の散歩を任せられ、その後も期待してくれているように思えた。ただ、自分の方では森に内面を開くことはできなかった。

Jさん：僕自身は森さんとの関係はすごくあのー、森さんと関係を作るっていうのは介護者の中で、最もなんというか、重大なテーマで、問題、課題としてある中で、僕はすごく、そこでずっと苦戦していて、それはやっぱり、自分を開けなかったことだとは思うんです。

それに対して、ある後輩が「僕はかまってちゃんなんです」と涙ながらに森に対して心を開いているのを見たりすることもあった。自分自身は、森だけでなく友人に対しても心を開くこともハードルが高いことであり、そこは自分の弱さだと思ったりすることがあった。そして、森と会話がうまくできず、自分はまるで「介護マシーン」のようにしか思えず、自己嫌悪に陥り、やめたいとも思っていたこともあった。ただ、そういう中でも、「障害」者問題をはじめとする社会の問題や自分の生き方、悩みを語り合ったりする、この介護グループには魅力を感じていた。

Ｊさん：　とことん相手に付き合うその、何だろなー、人間的なしつこさというか、そこにやっぱり〇〇［介護グループ名］に対して僕は魅力を感じていて……（以下略）……（［　］内は、引用者）

そういったグループとの関係があったからこそ、やめずに続けることができた。卒業後は、すぐに教員になろうとは思わなかった。これまで介護グループの仲間、解放の家、そして、森も含めてここで出会う「障害」者とのかかわりの中で、「自分の汚い部分、人の汚い部分とか、を見つめて、発見して……、でそれを自分に返し、他者に返し、一緒に考えるということ」をしてきた。こういった人間や社会のあり方についての興味を深めることが、教員をしながらでは難しいのではないかと考えていたからだ。教員になる前に「障害」のある人たちともっとかかわっていたいと考え、教員になるのは「まだかな」と考え、「障害」者福祉を選んだと語っている。

当初は、森の関連した事業所のグループホームで声がかかったので、そこで仕事をしながら1年半ほど森と同じ四條畷市内に住んで生活していた。その後、敢えて別の地域で、自分の目で「障害」者福祉について知りたいと思い、別の市で2年間仕事することにした。「違うところに行くことで、ここでの四條畷でやってきたこと、やっていることの意味がさらに明確に浮き彫りになると思いました」。

取材時点の２０１７年では森の死後1年が経過していた。森のことを振り返って、次のように語っている。

Ｊさん：　やっぱりある一定の緊張感があって、厳しかった。その、はい、厳しかったんだけどもその厳しさの奥に、その相手に対する、その心配であったりとか。「お前はそのままで大丈夫なのか」とか。「お前はそのままでいて、周りの人はどうなっている」とか。「お前は本当に今のままでほんまいいのか」っていうところで、厳しさの裏に、やっぱ、その人を気遣う、そうですね、やさしさっていうか、思いやりがあった。

おわりに

本章では、比較的若い世代の語りをみてきた。彼らが大学在学中にはすでにX寮では存在しなかったが、学内の人権系サークル、学外では市民会議などとのつながりの中、活動が継続されてきた。「運動」という言葉等も使われているが、これまでの章と比べた場合に、社会運動的な主張が減少するとともに、後で見るような森や森の活動にかかわる障害当事者等との関係、とりわけ「純粋な関係」[1]（Giddens 1991=2021）といえる関係を重視する語りが、前面に出てきたといえる。ただし、それらはあくまで傾向の違いでしかない。

コラム3 「学び」の中動態的な語りについて

家庭環境による教育格差は、今日、広く議論されるようになってきた。そのような中で、例えば成人となってから直面する、狭義の学力にかかわる学びに由来する経済生活上の不利について、「意志」の有無の問題として、「学ばなかった本人に責任がある」と、本人における意志にもとづく努力の欠如の問題として、安易な自己責任論的なコンテクストで声に出して語る人は少なくなってきたかも知れない。だが、それは表立って語られることが少なくなってきただけであって、「学び」及びそれに類似した言葉と「意志」そして「責任」についての語りという「言語記述を結び合わせる」（斎藤 2018）ことによって（→vi頁）、意志をもたなかったから特定の生活状況は仕方がないという語りによって、この社会は成り立っていないか。

同様の語りは学びについて多くの示唆を与える書物で、「天は人の上に人を造らず、人の下に人を造らず」という書き出しで始まる福沢諭吉の『学問のすゝめ』にもみることができる。周知のように同書では、本来、我々のあいだには「生まれながらにして貴賤・貧富の別なし」だが、「ただ学問を勤めて物事をよく知る者は、貴人となり富人となり、無学なる者は、貧人となり下人となるなり」という趣旨のことが書かれている（福沢 [1872]2006: 18-19）。そこでは「意志」や「責任」という言葉が使われていないにせよ、複雑な解釈をしない限り、〝学ぶ「意志」があれば、貴人、富人となり、そうならなかったのは「意志」を努力という形で活かさなかった本人に「責任」がある〟ような語りとして読むことができるだろう。

「意志」や「責任」と結びつけられ、このように狭く理解された場合の「学び」は「能動」的なものといえる場合もあるが、そうでない場合もある。今日、例えば子どもという「学習者」の「学び」を期待する保護者にとっては、賞罰であれなんらかの形で、「学習者」の「意志」を動員しなければならない。褒めたりおだてたりすることで「学習者」の「意志」の動員に「成功」すれば、「学習者」自身の視点からは「能動」的と思える場合であっても、第三者の立場からは、保護者によって「受動」的に学ばされていることが理解しやすいものである。乱暴に要約すれば、主体化＝従属化の学びだともいえる。

ただ、「学び」の主体にとって、その「学び」が、本人の「（自由な）意志」による「能動」的なものであろうとも、保護者によって強制させられた「受動」的なものであっても、今日の教育の選抜機能の前では同じ役割を果たしうる。結局、子どもが将来、何らかの「貧人」とみなされるようになった場合には、保護者が学ばせようとしなかったという「能動」的な保護者の「（自由な）意志」あるいは、子ども本人に「能動」的な「意志」、及びそれに基づく努力がなかったからだという語りによって、結局は「能動」の問題として語られ、処理されてしまいかねない。その結果として、子どもに生じた社会的地位に伴う不平等の問題は隠蔽されることになる。

制度化されたこの語りの問題点を隠蔽しているのは、「（自由な）意志」の有無によって区別される、「能動」と「受動」の語りの慣習的な対立であるといえる。

そして、こういった対立とは別様の語りを示唆してくれる1つの方法に、本文でみたように、近年、とりわけ國分（2017）の著作等で広範囲に共有されるようになった「中動態」の議論がある。13頁にも述べたように、「中動態」が「能動態」と「受動態」との間の中間的な態というわけではない。今日の我々にとっては、当たり前となっている「能動態」と「受動態」の区別・対立に先だって、例えばバンヴェニストの議論では、「能動態」と「中動態」といわれる2つの区別・対立があった（Benveniste 1966=1983: 165）。

繰り返しになるが（→13頁参照）、この議論における「能動態」と「中動態」の歴史的な区別・対立において、能動態の動詞は、その主語から出て主語の外で行われる過程について語るものである。これに対して、中動態の動詞は、主語がその過程の座であるとともに、主語がその過程の内部にあることを語っている（Benveniste 1966=1983: 169）。

言語学的な分類としての「能動態」か「受動態」という次元を超えて、現象を考える際の次元においても、我々が慣習的に「（自由な）意志」に着目して、「能動（態）」か「受動（態）」の対立図式で語ってしまうが、この図式では収まらない例は日常的なコミュニケーションに満ち溢れている。その一部が、前述の「中動態」として説明されることで、行為の性質がより分かりやすく理解できる場合がある。例えば「相手に惚れる」という状態を考えてみよう（國分・熊谷 2020: 99）。これは、言葉の表現についての素朴な二分法による区別としての「能動態」か「受動態」という枠組みでいえば、「能動態」に分類される。しかしながら、考える枠組みとしての分類としてみた場合、たいていの人にとっては、能動的な自由意志によって「相手に惚れようとする」ものではないであろう。だからといって受動的な語りで「相手の何らかの魅力によって惚れさせられている」というものも不適切とは言い切れないが、それよりはむしろ、自分を1つの座とみたてた場合にそこに生じてくる状況こそが、我々が考える「相手に惚れる」という行為を理解できることが多くないであろうか。

このような、素朴な慣用的区別では「能動態」であっても、「（自由な）意志」を措定しにくい語りは、「見える」「聞こえる」「お腹がすく」ことなどいくらでも存在する。しかしながら、何らかの結果を「責任」として、私達が語る枠組みという社会のシステムにおいては、慣用的な「能動態」か「受動態」の枠組みにある程度までは、誘導されながら「意志」の有無が重要になってくる。誰もが勉強すればある程度の成績を取得可能という語りが制度化された学校教育の選抜機能の前での「学ぶ」という行為に対する扱いについても同様であろう。

なお、このように説明したからといって、主体の「（自由な）意志」による「能動」的な「学び」が、存在しないとか、その語りそのものが、廃止されるべきだとまでは主張する必要はない。問題は、「能動」的な「学び」が、無条件に「結果」や「責任」と結びつけられるような語りにあるといえるだろう（→14～15頁）。

註

（1）ギデンズ（Giddens 1991: 6=2021: 18）の邦訳において“pure relationship”は「純粋な関係性」と訳されているが、本書では「純粋な関係」と訳して使用している。

第6章

語りの共有と相互に支え合うもの

1　介護の魅力

以上、第3章から第5章まで17人の語りを検討してきた。学生時代や卒業後に介護活動を継続してきた理由として、森を相手にした狭い意味での介護活動そのものが面白いとか、魅力的であるという語りについて、少なくとも今回のインタビュー調査では、確認できなかった。介護活動中に、終了時間が気になり時計をチラチラ見ていた学生当時のPさん（→133頁参照）のほか、別の元・学生介護者からは、例えば、すでに引用したものも含めて次のような語りがあった。

Dさん：　行ってる意味がなかった。ないと思いました。そう、僕、何してんねやろと。思って、昼1日潰して、ようわからんおっちゃん［の］所に行ってタバコの煙に巻かれ……（以下略）……。

Gさん：　続けれた理由とか、そのときには、森さんの介護とかには、それは特別これが魅力的だとか、特に思わなかったし、これが正義だというふうにもね、特別思わなかったです。

ではなぜ、活動そのものにはそれほどには魅力を感じず、人によっては正義にかかわるものだと考えるわけではなかったのに、介護を彼らは続けることができたのか。また、そもそも時計をチラチラみるような活動であったり、意味が分からないような活動であったりするのであれば、そういった学生たちは、森から「介護拒否」を受けると喜ぶのではないだろうか。こういった点を念頭に考えていくことが、本書全体の基調となる問いとしての森たちとの出会いを通じた学び（→vi頁参照）にアプローチできる１つとなるだろう。すなわち、最終章となる本章では、彼らがそれほど魅力を感じなかった介護活動であったが、特定の条件の下で、仲間や森とのかかわりを通じて、語りを獲得し、共有し、そして地域で生きていくプロセスをみていく。

なお、介護活動を始めた目的として、教員志望であった者のうち若い世代の多くが、「障害」者にかかわる問題を学ぶつもりであったことを語っていた（Ｅさん、Ｉさん、Ｄさん、Ｊさん）。ただ、継続して介護活動していく理由として、Ｊさんのように教員になるという目的とのかかわりで語るものは少なかった。継続して活動する理由については、将来の志望とはかかわりなく、ある程度共通した語りがみられたといえる。

彼らは在学中だけでなく、卒業後も介護活動を続けた。その理由として、とりわけ学生の頃に着目すれば、〝しがらみ〟とも言えそうな、結束型の関係[1]に多くを見いだすことができることは、これまでの章から明らかであると言えるだろう。「やめるって言ったらボコボコにされるっていう感じじゃないですか」（Ｄさん→１７０頁参照）、「寮で浮かないため」（Ｃさん→91頁参照）、「介護入らへんかったりすると、いろんな人が、来るじゃないですか」（Ｂさん→１１４頁参照）といった発言のほか、「介護辞めるっていうのイコールこのコミュニティに居《い》れない、居《い》られない、自分のその、なんていうのかな大学生活そのものみたいになってました」（Ｐさん→１３５頁参照）。

Ｐさんがまさに「居れない、居られない」ものとしての「コミュニティ」という言葉を使っているが、ここには特定の語りを獲得して、共有・維持するコミュニティ（→８頁参照）への帰属が、前提とされている。今回の調査協力者の場合、とりわけ介護グループの組織化が進んだ１９８０年代中頃以降に介護グループに入っていたＭさんやＣさんの世代以降では、はじめから〝大学生と森〟というような一対一の関係にあったわけではなかった。少なくとも彼らの経験についての語りの年代的あるいは時間的な順序としては、はじめに森その人自身というよりは、森の介護活動にかかわる人たちとのコミュニティの中での語りの連鎖や共有を通じた学びが見いだせる。そして、学生介護者がそのコミュニティへの帰属を高めていく中で、のちにみていくように、その構造上は、森を中心としたコミュニティへの帰属を高めていくことにもなる。そして、それらのコミュニティへの帰属を維持しようとする限り、次節にみるように、コミュニティで共有されやすい語りを通じた自己アイデンティティの形成と維持へと向かう学びの構造が見いだせる。しかもそのことによって、後で見ていくように決して一枚岩ではないにせよ、語りのコミュニティそのものも維持・変化していくといえる。(2)

2 生活掘り起こし
～語りの連鎖・共有とコミュニティを通じた自己アイデンティティ形成という学び

第3章・第4章でみたような1980年代から1990年代中頃までの学生介護者コミュニティにおいては、自治寮として運営されていたX大学のX寮から、介護者を集めることが多かった。当時のX寮では、「しんどいもん中心（しんどい者中心）」あるいは「低所得者層子弟（または被差別低所得者層子弟）」のためといった理念が掲げられていた。このような理念の寮で、しかも多くが教職志望ということもあり、部落問題に取り組む解放教育あるいは同和教育の影響も大きく（→74頁参照）、解放運動で重視されていた自分のことを生い立ち、物語のフォーマットで語るというスタイルが重要な取り組みになっていた。そして、Cさんのいう昔の運動スタイルとして、生活掘り起こしから階級的矛盾につながるという語りをみればわかるが（↓65頁参照）、1人ひとりの生い立ちが異なっていても、語りを共有する過程で個人の問題を社会の問題として語り直していったといえる。このような語りを重視するスタイルは、このX寮が1990年代になくなったのち、介護者が寮生中心ではなくなった2000年代後半に至るまでの間も、このコミュニティにおいては、受け継がれてきた（インタビューをした際に、彼らの多くが生い立ちを語ることに慣れているかの印象を受けた）。とりわけ上下関係の厳しい学生寮に入った際、新入生が、自分と相部屋に限らず、寮の多くの先輩たちと個別に面談し、先輩のユニークな指示にしたがったり、相互に生い立ちを語り合ったりしてそれぞれを理解すれば、先輩が「印」を押す「印取り」という制度が、まさしくそういった風潮を象徴的に表していると言える。とりわけ、国立大学の自治寮という生活コストを相対的に低く抑えることができる環境で、いわゆる一人親家庭、経済的に困窮した家庭等、複雑な家庭の出身者たちが相対的に集まる傾向にあった。

Aさん：僕が寮でやっぱ、安心したのは、母子家庭の先輩が、たくさんいてて、一緒にいるだけで、嬉しかったんですけどね、なんか、分かってくれる人がいる、みたいな。

そういった中にあっては、いわゆる〝一般家庭〟よりも複雑な家族の物語が語られ、相互に語りが連鎖、共鳴し、共有されていった。印取りは、この自治寮内で行われていたものであるが、こういった生い立ちを語る機会のことが、「生活掘り起こし」と呼ばれており、80年代中頃のX寮ではみられた。この「生活掘り起こし」については、Mさんが次のように語っている。

Mさん：［生活掘り起こしを］みんなしてました。その上で、付き合うので、お互いの背景を知りながら、あの苦楽を共にするんで、ずいぶんと違ったんだと思いますね。うわべの付き合いはなかったんです。

大学1年生の当時「それまで自分のことなんて見つめて語ったこと」がなかったLさんが、自分と他のX寮生との間で「あいつは俺よりしんどい」と考えたと語ったりしたように、「しんどいもん〔＝者〕比べ」とも言われるような自己の提示をし合う際に、生い立ちを相互に語り共有していくことは大きな意味をもっていた。つまり、大学入学まで言葉にする機会があまりなかったような自己の生い立ちという物語性の高いフォーマットで、相互に異なる自己についての語りを獲得したり、あるいはこれまでとは違う形で自己のあり方を語り直したりしていくような、自己アイデンティティについての語りを重視するコミュニティが成立していた側面を見いだすことができる。しかも、「しんどい者」を中心にしたX寮で、「しんどさ」を競い合うという意味で、相互に差異化しつつ語りが連鎖しているにもかかわらず、同時に、「しんどさ」をとりまく同質性の高い語りを「共有」してしまう傾向にあったといえよう。

そして、その「しんどさ」を経験してきた大学入学以前の生い立ちの語りの連鎖と共有に続けて、そのような自己が、このコミュニティの承認を受けるような形で、今後どのように生きていくのか、すなわち大学入学以降にどのような物語を語るのか、ということが問われるようになる。その問いに対する答えとしての語りを獲得していく上で、介護活動に参加しているということには大きな意味があったといえよう。X寮においては、全ての学生が介護活動に入ったわけでもないが、今回調査に協力した1980年代中頃に大学生であったCさんやMさん以降の学年においては、介護活動に入らない方が少数派であった。同質性と上下関係が強いX寮において、多くのX寮生が学生介護者になっている状況下で、「介護活動に参加していない」という語りに、どのような「意味」が共有されるかということについては、先輩らがその主導権をもっていた。そのため、先輩らと違う「意味」で語ったとしても、その語りがコミュニティで共有されることは、比較的困難であったと言えよう。ましてや、寮長をはじめ自治寮の運営に影響力ある立場の者が学生介護者であった場合にはなおさらその傾向が強まったことであろう。このように、介護活動に参加することが、（自治寮があった頃であろうと、その後であろうと）コミュニティ内でのこのように自己アイデンティティにかかわる意味づけに大きく寄与するものとなれば、「介護拒否」を受けることは、本人にとっては相当なダメージを受けることになるだろう。

例えば、もともとは、X寮の先輩の強引な誘いで、介護グループのメンバーになったMさんは、しばらくの間、介護に入ることはなかった(↓81頁参照)。周囲には、介護グループのメンバーだと語っておきながら、実際に入ることができなかった状態を振り返ってMさんは、次のように語っている。

Mさん：　偽善者だなぁと。○○［＝介護グループ名］に入っています。なんやかんや理由をつけて、介護そのものに、行くのから逃げていました。それはすごい偽善者や。で、いや、そういうのんでもあかんなぁと思いながら先輩と一緒に行き始めたんですよ。

このような状況下において、学生達が介護活動に参加するという行為は、能動態の表現でも、受動態の表現でも語りうる面があった。一方では、介護に入らないような偽善者になるのは避けたいという意志があったから、介護活動に参加すると理解すれば、能動態で語ることもできる。他方で、偽善者と周囲に思われるのを避けたいから、介護活動に参加すると理解すれば、受動態として語りうるものでもある。いずれにせよ、介護活動に参加することは、そのように能動態／受動態といった語りで理解されてしまうのは過度な単純化を伴ってしまう。

むしろ、自分たちがかかわる前からすでに存在していたコミュニティの語りを獲得してそれを共有し、その語りの意味世界を生きる学生たちは、その共有している枠組みに沿って、介護活動に参加するという形での自己を語り、中動態的に自己アイデンティティを形成していくという学びの過程にいると理解してみてはどうだろうか。ただし、そこでは単にメンバーとなり、形式的に介護活動に参加しているだけでは不十分である。介護活動に参加していることが有意味なコミュニティにおいては、森自身と、どのように語りを共有し、関係を形成していくのかということも重要な意味をもつようになる。その分かりやすい例としては、ある時点までは介護グループに残っていた「一本立ち」という慣行をめぐる彼らの語りをみれば明瞭になるだろう。その一本立ちを学生介護者に認めるのが、森であった。

3 「一本立ち」と森の承認

少なくともある時期において、学生介護者の「一本立ち」を認める際には、森はその介護者に握手を求めて祝いの言葉を述べたりしていた。

Aさん： 森さんが、こう、［昼と夜の介護者の］引き継ぎが終わったときに、「握手！」Aくん、「握手！」。「おめでとう！」とかって言うとそれが一本立ち、とかっていうのが、あるんですけど。

Aさんの世代が学生介護者となっていた1990年代頃には、一本立ちが認められた際に、森が尊敬していた横塚晃一の著書『はやく ゆっくり』に収録されている、晃一の妻・横塚りゑの手記「心の共同体」（横塚 1979: 337-339）を一緒に読むという。このことについて、一本立ちを認められなかった介護者の語りとともに確認しよう。

Hさん： 僕、実は一本立ちしていないんですよ、一本立ちしたら読ませてもらえる横塚さんやったかなぁ……（中略）……あの本をね、［一本立ちした人は］読ませてもらえるんですけどね、僕［は］一本立ちやないから、読んでなくてね。

そもそも、コラム2でもみたように（↓67頁参照）、一本立ちとは、補助的な介護者ではなく、メインの介護者として森が信頼できるとみなされた人に認定されるものである。その認定のためのもともとの基準は、内容の違う昼介護と夜介護それぞれについて、昼介護の「一本立ち」と夜介護の「一本立ち」があった。しかし、遅くとも

２０００年を過ぎた頃には、単に介護技術だけで認められるものではなくなっている。この「心の共同体」を読むという儀式的な面や、すでにみたようになかなか一本立ちが認められなかったＰさんが介護技術そのものとは関係のない話の文脈で「あの山は、ちょっとしんどかったですわ」と言った際に一本立ちを認められたことなどからも分かるが、森との関係や介護への姿勢（次の引用でいう「精神面」）のようなものがかかわるものでもあった。

森自身が、２００６年段階の介護ノートには次のように記している。

約三年、一本立ちは出ていない。最低限の技術面は必要だが、主に精神的な面が大きいと思う。極端な表現をすれば、介護を失敗して死んでも、こいつなら納得できるということである（介護ノートvol. 170. ２００６年 11月7日・夜）。(3)

「極端な表現」という断り書きの上であるが、介護技術よりも、介護に取り組む姿勢を、少なくともこの頃の森が一本立ちにおいて重視していることが分かる語りだと思われる。介護ノートのこの箇所は、横塚りゑが「心の共同体」の文中で、癌の治療で苦しむ晩年の横塚晃一が、彼の苦痛を少なくさせようとする介護者と彼との結びつきを指した「心の共同体」という言葉について説明している下記の箇所と似ている点がある。

『歎異抄《たんにしょう》』に「よきひとのおほせをかふりて信ずるほかに別の子細なきなり」としるされたのに続けて、この人と定めた人についていって、たとえだまされて地獄に落ちても、一向に後悔しない。他の事をして仏になれるならともかく、地獄に落ちると定まっている身であるから、自分がこの人と定めた人には、どこまでもついていこうという意味の言葉があるが、夫が心の共同体を口にした思いの中には、若き日より心のよりどころとした『歎異抄《たんにしょう》』の一節がこめられているように、私には思われるのである（横塚 1979 : 339）(4)。

右に引用されている『歎異抄』の一節は、親鸞が、自らの師である法然の言葉を信じたことで地獄に落ちても後悔はしないと書いた箇所であり[5]、森が介護ノートに「介護を失敗して死んでも、こいつなら納得できる」と記している箇所と重なっているといえる。

森から一本立ちが認められることがあった一定の期間の学生介護者にとっては、この「一本立ち」が認められないことは、このコミュニティ内で、自己の理想的なアイデンティティについての語りが共有されていくことに、困難が生じることを意味した。一本立ちを認められるまで、若干、時間がかかっていたため、後輩の方が先に一本立ちを認められていた頃の話として、Pさんは「僕は［介護グループの］代表っていう看板をさせてもらいながら、全然一本立ちどころかという状況でした」と語っていた（→136頁参照）。

また別の介護者も、一本立ちは、達成しなければならないものとして理解していた。

Kさん：当時は一本立ちっていうのがあって、［自分は一本立ちを認められるのが］まだだったので……（中略）……それぐらいはしておかないと、なんていうんかなぁ、あかんやろうみたいな感じかな。

少なくとも一定の世代においては、一本立ちを認められないことは、「あかんやろう」と語られるような、介護者として当然達成しておかなければならないものであった。そして、学生介護者コミュニティにおいては、森に信頼される関係を構築し、一本立ちを認められるということは、自己アイデンティティにかかわる語りが共有されるにあたって重要な位置を占めていたと言えよう。

一本立ちの慣行は、学生介護者の多くがX寮生だった1980年代頃だけでなく、それ以降に、当該のX寮が存在しなくなり、人権系のサークルを中心とした学生が中心となった時代においても引き継がれていた。そして、その一本立ちがほとんど認められなくなった2000年代以降の入学者の世代にあっても、介護に入っている回数や、どの程度、森から信頼されたのかということは、学生介護者コミュニティの枠内では、コミュニティ内での語り方に大きく影響を与えた。若い世代の元・学生介護者のFさんは次のように語っている。

Fさん： やっぱり、序列はできるんですよ。○○［＝介護グループ名］の中で、一番介護に入っている人、とか、森さんから信頼されている人が上で、えーと、［介護活動に］あまり入れていない人は、発言力がない、みたいな。

以上、森に認められるような関係にあるかということが、学生介護者のコミュニティの中で自己のアイデンティティについての語りの獲得や共有、そして、その語りを生きることにとって重要な意味をもつということは、一本立ちという慣行があった頃には明瞭だった。そして、森とのそういった関係が、学生のこのコミュニティに持つ意味は、Fさんの右の発言などにもあるように、一本立ちがあまり認められなくなった2000年代以降にあっても変わりがなかった。そうやってみてきた場合には、1度、介護グループに入った学生にとっては、学生介護者のコミュニティの中心はやはり森であり、森とどのような関係をもつか、あるいはどのように語りを共有するかということが、ここでの自己アイデンティティの形成・維持に大きな影響を与えている。以下、具体的に検討していきたい。

4　森を中心とした語りの共有1
～自己アイデンティティの解放運動的な関係への語り直しという学び

1990年に発行された、森の生活史等をまとめた冊子の中に、1980年頃の学生介護者の語りの再現として次のような記述がある。「森さんは、お前は差別者やいうてつきつけてくるやろ。いったい森さんが何を言わんとしているのか探りたくてな」(森修生活史編集委員会 1990: 66)。1980年頃を振り返って10年後に再現されたこの「お前は差別者や」」、「つきつけてくる」といった語りにも森が、「健全者」としての学生は差別者であるといった語りの共有を求めたり、反差別的な意味での解放運動的な構えをもって学生と接していたことがよく表現されている。語りの共有という観点から見た場合には、元・学生介護者たちが、森と共有したのは、少なくとも今回調査に協力してくれた人たちの語りを大別した場合には、①「障害」者に限らず、部落問題や在日コリアンに関する解放運動的な関係を確認する語りと、②〝家族的〟な人間関係を確認する語りがあった。そして、①の関係の確認であれ、②の関係の確認であれ、単に介護に入っていればよいというわけではなく、以下にみていくように、自己アイデンティティにかかわる根本的なところでの語りの共有の展開がみられる。そこでは、①、②それぞれ学生と森それぞれの人格に深くかかわってもよいとする関係――言い換えれば、そういう関係であるという語りの共有――も求められていた。

解放運動的な語りを獲得して、自己アイデンティティを語り直し、それを共有していくことは、新しい語りを生きていく学びであったともいえる。一方では、「お前は差別者や」という先の引用にもみることができるが、学生介護者は、森と会う以前は自分のことを「差別者」とは語っていなかったものの、森と出会い、その関係において「健全者」としての自分が「差別者」であるという語り直しとその共有があった。本書のこれまでの章でみてきた中では、学生運動にのめり込んでいくCさんの活動の仕方は、「能力主義」だと批判され（→92頁参照）、Aさんも初めて森の介護活動に参加した日に「お前のその感性が、差別者の感性」と語ったという（→125頁参照）こと等があった。

他方、同じく解放運動的な語り直しとその共有ではあるが、森は、学生介護者自身には、このような「差別する側」だけでなく、「差別される側」としての立場性、すなわち自己アイデンティティの再構築を伴うような、語り直しとその共有を促すこともあった。学生介護者の中では、身体の一部の機能が働いていないPさんに対して森がいつも「お前も『障害』者やなぁ」と語ったりした（→130頁参照）ように、日頃、自分たちが「差別」される側としては語っていない学生たちに、そういった語りを獲得したり、語り直ししたりすることや、その共有を促してきたのだと言えよう。Nさんもまた、森に直接言われたわけではないものの、このコミュニティの中で被爆した祖父とのかかわりで自分を語るようになる（→153頁参照）。「差別」の問題を自分自身が「差別される側」として、語り直すこととその共有は、比較的若い世代の元・学生介護者にも、全員ではないがみられた。それは、自治寮での語りの連鎖と共有を受け継いでいたり、あるいは多くの学生介護者が参加していた人権系のサークルで活動していたりしたことも、関係しているといえるだろう。

また、それは学生介護者だけでなく社会人になってからも、介護にかかわり続けている介護グループOBの中にも、結婚に伴いこれから差別される側として生きていくのだと森から言われたり、自らが病気になった際にも「障害」者なのかどうかと問われたりしたLさんのように（→103頁参照）、新たな語りを獲得して、自己の立場の語り直しや、その共有の促しがあったと言えよう。

以上のように、介護者が、自らのアイデンティティを語り直すことで、差別する側／される側という文脈での語りを獲得して、自らを語り直し、その共有がみられたが、自己アイデンティティにかかわるもの以外の語彙についても語りの共有がみられた。「はじめに」で述べた「健常者」ではなく「健全者」という言葉も多く使われているということ（→iii頁参照）に関しても、21世紀あるいは今日に入ってもこのコミュニティの関係文書やホームページの中では、「健常者」よりは、青い芝の会の語りにみられた「健全者」という言葉の方が標準的な語彙になっている。いわゆる「差別語」とみなされる言葉の使用を避けることについても、このコミュニティにおいてはとりわけ重要な語りの共有であった。すでに、Mさん（→82頁参照）やMさんよりも約20年若いNさん（→151頁参照）の語りでもみたように、とりわけ、森の移動を支援する際に「持つ」という言葉については避けるように厳しく言われることが多かった。こういった指摘については「言葉狩り」として位置づけるのではなく、その言葉を使った語りが誰かを傷つけてしまうという観点から避けるべきだとMさんは語っている。

Mさん：　「言葉狩り」がしたいんじゃないと。その、その言葉を聞いて嫌な気持ちになる「障害」者がいることを常に考えておいてほしいというメッセージだと受け止めたときに、あのー、ぱっと、考え方も変わったんですよ。

このように、森は、ある語りが（森自身に限らず）「『障害』者」の側にとってどのような思いをもって受け止められうるのかという点を踏まえた語り直しや、語り方の共有も求めてきた。それは、森自身の経験に根ざした語りのほか、森自身がかかわってきた運動の語りの共有が図られていたともいえる。ただ、ここで強調して確認しておきたいのは、次の点である。森と学生がどのような関係にあったのか、という意味世界とは切り離して、本節でみるような語り直しやその共有のみを切り取って検討した場合には、学生介護者は自らが所属しているコミュニティの中心にいる年上の森のインパクトある言動によって、強制的な意味で受動的に語りを共有させられているように理解されてしまうかも知れない。

ただ、すでにみてきた章（第3章〜第5章）や、以下にも説明するように、森の死後も元・学生介護者が森と共有した語りで、自己アイデンティティを語り、その語りを生きていることからも、これらの過程について若者が受動態を用いた表現で、その共有を強要させられていると理解すると、過度な単純化をしてしまうことになる。むしろ、Mさんのように「ぱっと、考え方も変わった」とあるような、自分の中で生じている中動態的な語りの共有として理解することができる。したがって、それは自分の意志で「変えた」という能動態による表現でもなく、森に「変えられた」という受動態による表現でもなく、森と語りを共有し、その語りを生きていくものであった。そして、学生介護者たちは、その語り直しとその共有しやすいコミュニティを森とともに形成していたともいえる。

そして、コミュニティで生じる、そのような中動態的な過程は、他の団体あるいは社会と比べれば、そのコミュニティの外と比べた場合に、特徴的あるいは個性ある語りの共有を可能にするものであった。本書で何度かみたように、学生が初めて介護に入って、森と散歩に出かけた際に、森から学生が意見等を求められることがあった（↓124頁及び132頁参照）。これに対して、周囲の人たちの視線についてAさんの「心配で見ている人だっているでしょ」という語りにしても、コミュニティの外であれば、認められることもありえたかも知れない。だが、このコミュニティの中では、そういった語りが共有されるのは難しいところもあり、森や介護者会議のコミュニティの中では、「差別的」といった方向での特定の語りの共有によって、上書きされてしまう。

すでにみたように、もともとの自治寮としてのX寮や、その寮がなくなった後に介護者が多く集った人権系のサークル内で交わされていた語りと親和性の高かった、解放運動的な語りを共有しているコミュニティにあって、森は運動の先輩としてみられている側面も少なからずあった（↓115頁、136頁参照）。もちろん学生たちがかかわっていた解放運動は森以外にも、在日朝鮮人問題、部落解放問題等にかかわる運動があった。しかし大学入学以前から解放運動にかかわっていた者は少なく、多くの元・学生介護者たちからは、森を通じて解放運動、あるいは社会につながっていくことに魅力を感じた語りが多くみられた。

例えば、Mさんの場合には、「あ、森さんが伝えたいことってこういうことなのかなぁと、それを俺と一緒にやってくれって言うメッセージなのかなぁと」（↓84頁参照）と語っている。また、Lさんの場合には、初めて森の家に訪問した際に、「障害」者と先輩の結婚祝賀会を実際にみて、「障害」者と健常者（「健全者」）の区別といったハードルを超えるような場としてこのつながりに魅力を感じた趣旨のことを語っていた（↓99頁参照）。

そして、1990年代中頃で自治寮が存在しなくなって以降の若い世代の元・学生介護者で、Hさんの場合も、「社会とつながってるんやっていう」ことを森とのかかわりの中で感じることができたと語っている。

Hさん：　市役所に実際に物言いに入って市役所の人らが実際にあの、前で汗かきかき返答していたりとかね。……（中略）……森さんこういうふうにして、社会を変えていってはんねやって、そこで自分もかかわってねんねやなぁと思った時に、こう、自分の存在が社会的なものになったという、「ああ、自分も社会の一員なんや」という意識が初めてもった［＝意識を初めてもった］とかね。

ただ、こういった解放運動的な文脈で、語りを獲得したり、語り直したりした上でなされる共有だけが、彼らと森との関係に関する語りではなかった。こういった〝運動家〟としての側面だけでなく、家族的な関係としての語りの共有も多く見られ、そういった関係もまた重視されてきたと言える。

5　森を中心とした語りの共有2
～〝家族的〟な関係と内面についての語り

「お前の単位と俺の命とどっちが大切なんや」（↓75頁参照）と言う森の語りは、今回のインタビュー調査以外においても、このコミュニティの関係者との雑談でしばしば聞かれるものである。そこで求められていたのは〝家族的〟な語りの共有だったといえる。以下にみていくが、この語りに想定されている関係たるや、学生介護者が森を一方的に信じて地獄に落ちても後悔しないような従属関係のある「心の共同体」のようなものが期待されていたわけではない。一方的あるいは従属的というよりは、森と相互に〝家族的〟な語りを共有する「心の共同体」の関係といえる。なお、複雑な書き方になってしまうが、その場合、本書でいう「コミュニティ」（↓16頁参照）が語りを共有する学生同士、そして森と学生の関係も含むのに対して、この「心の共同体」は、もっぱら森との関係でありもっと狭い範囲の関係を指すことになる。

そこでは相互に内面の語りの共有もみられるが、まずは〝家族的〟な語りの共有についての確認からはじめたい。例えば、先にみたように、森の晩年、学生介護者が足りない状況下で、卒業のために必要にもかかわらず、大学の授業には出席しなくなった学生介護者のIさんに対して、森は「学校行かへんのやったら介護拒否するぞ」と「介護拒否」を言い出そうとすることもあった（↓166頁参照）。そのように言われた側の学生介護者の考え方によっては、介護拒否をうけることで、介護活動に参加しなくなるので、喜ぶことだってありうるかも知れない。しかしながら、Ｉさんは、この状況で森の介護拒否を自分が喜ぶことはないという森のこちらへの信頼としてこのことを語っている。それは、一方的に自分のために介護に入ってもらえればいいという共同体ではなく、親が子どもの卒業を心配するような家族的な「心の共同体」という語りの共有だといえるだろう。

この家族的な語りは、すでにみたように（→コラム１　22頁参照）、青い芝の会が残した家族に否定的な言説とは異なり、森やその介護者等においては、家族について肯定的な語りがなされていることを反映しているといえる。その事は、森の元・学生介護者たちが中心となって編集した『生活史』における森の家族についての語り方（→31〜32頁参照）のほか、雀荘に通っていたＤさんに対して森の妻が「自分家《じぶんち》やと思ってええから」と言った（→１７３頁参照）とされていることなどにもみいだすことができるであろう。

しかも森との関係ではなく、介護者自身の家族との関係の語りについても森から調整を求められることがあった。Ａさんが母親を馬鹿にしていると感じた森が「ちゃんと話を１回聞いてこい、それを聞いて来るまで、うちの敷居をまたぐな」（→１２６頁参照）としたのもそういう家族的な価値の共有を森が大切にしていることを示唆するものであろう。

このように比較的容易に〝家族的〟な語りの共有としてみなすことが可能な語りのほか、相互にその内面のあり方を確認する、語りの共有もみられた。そもそも人と人との〝関係〟は、パフォーマティブに、つまり行為あるいは語りによって明瞭となることが多いといえる。そして、すぐ後でみるように介護に入っているという行為だけで森の納得がいかない場合には、自分は何のために介護するのかといった内面の語りが共有されるかどうかということに重点が置かれることとなる。言うまでもなく物体のようには、測定等ができない〝関係〟についての語りでは、話者の〝内面〟にかかわる語りの果たす役割が大きい。

内面について、このような共有を求める行為は、すでにみたような、自らの生い立ちを語る「生活掘り起こし」や「印取り」を通じて、「うわべの付き合いはなかったんです」（Ｍさん→１８９頁参照）とも言われた学生コミュニティ内における、語りの共有と親和性が高かったといえる。そのため、先にみたＪさんが「森さんと関係を作るっていうのは介護者の中で、最もなんというか、重大なテーマ」と語った上で、「自分を開けなかった」ことについて語っていたように、内面についての語りの共有がうまくできないことが肯定的に語られることはなかった。それは、Ｊさんの見ていた他の介護者が「僕はかまってちゃんなんです」と言っているのとは対照的であろう（→１７７頁参照）。そして、共有されない場合には、森だけでなく先輩からも語り直しを迫られることになる。

例えば、在学中には、森と積極的にかかわろうとしない態度で介護に入っていたＰさんが「お前にとって介護に入る意味なんや」（→１３４頁参照）と森に言われたり、森のほか先輩も一緒になって「もう、ちょっと勘弁してくれよ」、「わかってるって」と思うまで、深く詰められたりしながらも、今では感謝の言葉（→１３４頁参照）とともにそのことを語っている。また、介護に入っていても、一緒にテレビを見て会話をするとか、自分の好きなことを森に話をするといったことがなく、話しかけることがなかなかできないＨさんには、「お前、人とどんな関係を作りたいと思っているの？」（→１４３頁参照）と森が詰問していた。このように、単に介護に入っているだけでいいというわけではなく、介護の意味や、森との関係といった内面についての語りの共有も求められていた。

後で議論する純粋な関係にもかかわる点であるが、森からすれば、社会制度などの支えがない中で、自分の生活を任せる若い学生たちの一部が何を考えて介護活動に入っているか分からなかったため、相手をどのくらい信頼できるか確認するために、その内面についての語りを共有することでお互いの関係を確認する行為は必要であったと考えられる。また、それとともに、若者に人間関係のあり方を教えようということもあったのだろう。

今回調査に協力してくれた元・学生介護者のうち、インタビュー当時30代で相対的に若い人たちには、まずは「本音で」話すという意味での、内面についての語りの共有を求めていた。介護活動に参加しだした大学1年生のときから「本音で」と言われ続けたＥさん（→１６０頁参照）のほか、次にみるようにＮさんもまた、相手に合わせて自分の本音を話すのを控える傾向にあったが、森はそういった表面的ともいえる語りを拒否してきた。

Nさん：　自分自身がどう思うかっていうことよりも、どう思ったら［相手にとっての］正解なんかなぁっていうのを、すごく探しながら話を聞いてしまう癖が、それがいまだにあって、やっぱり。ただ、えー、その中で、森さんからはお前はどう思うねんというところをずっとつきつけられ続けるわけです。

突き放した理解からすれば、（1）「本音」を語るように求めたり、「お前はどう思うねん」という形での、内面のあり方に関する語りの共有への試みが、学生介護者の意見で森とは異なるものを見つけて語り直しをさせるよう な、学生に強制的な形で考えを押しつけていくための手段であったと把握されるかも知れない。そして、（2）「本音」というものは、そもそも「本音」が分からないというEさんの例（→160頁参照）が典型であるが、森に「本音」を問われて応答する中で発見、あるいは構築されることで、獲得された語りとしての「本音」であったということも考えられる。

また、森に問われる前から「本音」の語りが学生側の内面ですでに言語化あるいは獲得されていたとしても、学生が、その通りの「本音」で語るとは限らない。したがって、ここで共有されているという「本音」がどの程度、学生本人の内面の語りを反映したものなのかということは疑われるかも知れない。

しかしながら、この（1）に関しても、前節の自己アイデンティティや差別的な言葉遣いにかかわる語り直しや語りの共有と同じように、彼らが社会人となり森の死後になっても、現在のこととしてもそれらの語りを生きている。Eさん（→161頁参照）にとっては、森から何度も言われていた「本音」で語るという経験が、結局、森相手ではなく先輩相手に本音で語るものではあったものの「ターニングポイント」として語られていた。そして、Nさんにとっては、相手に合わせてしまうことが「癖」として、現在にあっても克服されるべき課題のように語られている。さらに、（2）に関しては、当時の学生が、森との関係で生成されたにすぎない「本音」を共有していたり、実際には「本音」と違う内容を語っていたとしても、「本音」の語りの共有することそのものは、EさんやNさんそれぞれにとって、学びのターニングポイントや課題であると語り続けられている。

したがって、（1）・（2）のような、学生が森の働きかけによって強制的なものとして内面の語りを共有させられていくという理解だけでは、彼ら自身が積極的に受け入れ、納得して、その語りを生きている側面がみえなくなり、一面的な理解になってしまうだろう。だからといって、学生当時の彼らが「お前はどう思うねん」といった森の問いかけに応えて、強い意志をもって、自分のいわば弱点と思われる部分を克服し、成長していくという理解だけでは、森を中心とした語りの共有の役割が捨象されてしまう。

そういった極端な理解を避けるためには、森を中心とした語りの共有のコミュニティの中での働きかけによって、そこで共有されている語りをリソースとしながら、語りを獲得することによって展開される、学生の中動態的な学びの過程として理解する方法がある。その過程においては、森自身も介護者不足という状況下で、信頼できる仲間としての学生を求めざるをえなくなっていた。そこで、共有されているのは、解放運動といった目的ある関係の語りというよりは、家族的な関係の語りや互いの内面の語りを共有し、生きていくことの方が重視されていたと理解することもできるだろう。

内面の語りの共有は学生の語りを森が一方的に求めるのではなく、森の方からも自分の内面について語り、その共有がなされていくこともあった。森は、自分が介護拒否をした相手のHさんには「俺も、あの、その、人を信用したいねんけども、なかなか信用できへん。それはこれまでずっと裏切られてきた経緯があるから、簡単に人を信用できへんようになっているねん」（→143〜144頁参照）という趣旨のことを語っていた。そして、Hさんに対してだけではないが、学生介護者が部活動等とのバランスで介護活動を軽く扱うような語りに対して、森が介護拒否などを通じて示す反応も、学生介護者との関係において介護というものをどのように意味づけるのかという、内面についての語りの共有を求めるものであり、〝家族的〟な関係が志向されていたといえるだろう。

多くの元・学生介護者たちは、それぞれ介護グループにかかわり出した当初は、森ではなく学生のコミュニティにおける語りの共有とそれを通じた自己アイデンティティの維持・発展に重点を置いてきた。やがて、森との〝家族的〟な関係や内面の語りの共有をしていくようになっていった。このような語りの共有が卒業後までも続くことを理解するためには、そのような共有を支える他の条件についても検討しておかなければならない。具体的には、以下でみるような、語りの共有を支える、森や仲間との関係、広い範囲の人々を想定したアイデンティティ形成のリソース等である。語りの共有を中心に理解すれば、それらの条件は、共有を支えるものといえるが、より広い観点からみれば、共有とそれらの条件は、相互に支え合っている、あるいは規定し合っているともいえる。なお、森や仲間との関係をはじめそれらの多くが、語りによって構成されているものである。したがって、語りの共有は他の語りと相互に支え合っているともいえる。

6　この地域での語りの共有を支えていたもの1
～森の人柄や利他的な行動についての語りと、純粋な関係

Mさんが、「森さんは自分だけのために活動していませんでしたからねぇ」と語っていたように（→84頁参照）、運動家としての森の利他的な行動についての語りは多くみられた。ある日、Qさんが森の介護枠に入るためにやってきたとき、近隣で自立生活を開始したものの、まだ介護体制が確立されていない女性の「障害」者支援グループで、

女性介護者が所用で遅れるので困っているという連絡が森にあった。この運動の関係者内では、通常、女性の介護は女性が行うことになっていたが、森は、介護のために家に来たばかりのQさんに、その女性介護グループのところに行ってこいと命じた。

Qさん：「お前〇〇〔＝男性器の一部〕切って行って来いや」と言われて。何を言うとんのや〔と驚いた〕。とにかく自分が、介護を今、受けてる状況で、「僕、今、森さんの介護に入ったところでしょ」っていう感じで思ってるのに、とにかくそやから介護体制引いてまだ間のない、そのツさんを、〔身体が〕動かんからといって気遣って、で、自分の介護者を即そこへ派遣させると言う、とにかく、このおっさん何考えとんねんって言う、まぁ、ある意味その、ねぇ、普通、こう「障害」をもっていて在宅でって言う人たちは、自分の1分1秒先もわからへんわけやら介護者がおらんようになるっていう事はすごい大変なことだと思うんですけども、そういうふうな事をやっぱり地域で「障害」者があたりまえに生きているっていうのはまず自分が中心でないと困るんちゃうかなて思っているのに、そうやってまずはそこへ行って来いというような話になったりとか、だからそこは、あの、この人何を考えとんねん、そうゆうところはありましたね。

その他、森が「自分が中心」に考えているわけでないといった、右のような利他的な行動に関する語りは、今回の調査対象者にとっては、同じ言葉やエピソードの語りの共有というよりは、全員ではないにせよ概ね共通してみられる語りである。森は、Nさんが語っていたように、相性のよくない介護者にも介護に入らせることもさせていたし（→152頁参照）、自分の介護に入る枠についても大枠は学生に任せていた。森は元・学生介護者を信頼しようとし、学生たちも森からのそういった信頼を受けとめようとしていた（→84頁参照）。そこには森と学生との信頼関係を見いだすことができるであろう。その他、本書で説明した青山正（→51頁参照）の仮釈放後の支援もしている。

そして、利他的な行動に関する語りのみならず、人柄に関する語りもみられる。Pさんも、青い芝の会と森の関係を説明している際には次のように語っていた。

Pさん：　組織から離れていった人とも関係を大事にするとか、それは何か、森さんの人柄っていうのか。とにかく人との関係は自分からは切れへんみたいな。……（中略）……介護者であっても、かかわった人とはかかわりきるみたいな［なお、ここで「組織」というのは、青い芝の会や森がかかわった運動を指す］。

それは、Kさんが「人を切らない」（→120頁参照）と語っていた側面でもあり、就職先の斡旋の件で、かつて森の期待を裏切ったCさんを自分の所有する別の家に住ませたりするところにもかかわる語りであろう（→95頁参照）。それは、運動家としてだけではなく、先にみた〝家族的〟なつながりとも言える、運動以外での深い関係も大切にしていくような人柄の側面をも指すといえるだろう。

Bさんは、そのことに関して「いろんな人の人生に首をつっこ」むという表現で話をしたりした。Bさんは、「僕はそれにも反発はしたことがあって、首つっこみすぎて、それ、森さん、責任とれるんすか」と、どちらかというと反発していたと語っている。ただし、これをいわゆる面倒見のよさといったふうに理解する人たちからすれば、Nさんのように森の人柄としては肯定的に語られる側面である。Nさんの場合には、森のそういう側面があったからこそ、森との関係を一番大切にし（→155頁参照）、この地の近隣の市役所で働くようになったと語っている。

また、Iさんも次のようにして、森の人柄に惹かれていったと語る。

Iさん：　森さんの人柄に惹かれたっていうのは、ある意味、この、言葉であったり、背中であったり行動であったりというのが、やっぱり、人に響かせる人だったんだろうなと。

きっかけは、先輩のオルグであったり、仲間から浮かないためであったりしても、森との〝家族的〟な関係や内面の語りも共有しながら徐々に森との関係が深まっていく。そこには新幹線の途中下車を余儀なくされたLさんが、

「なんかねそれでもね、それでも、ちょっと行こかなって気にさせられるような一つ魅力もあったんですよね」(↓100頁参照)というような人柄に関する語りの獲得があったと言えよう。

以上、森の――好意的な意味での――「人たらし」とも言われることにかかわる語りをみてきた。このような人柄に関する語りが、全員にみられるわけではないが、先に引用したような元学生らにはある程度は共通して確認できる。森についての人柄に関する語りを基盤にしつつ、このような相互の信頼関係、そして相互の内面の語りを共有するような関係は、A・ギデンズの言い回しを援用すれば、「純粋な関係」ということもできるだろう。

純粋な関係は、当の関係自体が与える見返りのためだけに存在している。純粋な関係の文脈では、信頼は相互の開示過程(process of mutual disclosure)によってのみもたらされる。別言すれば、信頼はもはや定義上、関係それ自身の外部にある基準――血縁、社会的責務あるいは伝統的義務などの基準――につなぎ留められうることはないのである(Giddens 1991: 6=2021: 18)[訳文には一部変更を加えている]。

森と元・学生介護者らにとっては、社会制度や血縁や戸籍上の家族といった基準につなぎとめられていない関係でありながらも、お互いを信頼し、内面の語りを共有しようとし続けることによって、その関係が続いていた。そして、先に引用したHさんには「俺も、あの、その、人を信用したいねんけども、なかなか信用できへん」(↓143~144頁参照)と森が言ったことについても、そのような純粋な関係の実現が実際には達成できなかった場合であっても、そのような関係の実現への願望の語りの共有が志向されている。

ただ、こういった純粋な関係や、その語り、そしてすでにみた解放運動的な語り、家族的な語りの共有があったということだけで、元・学生介護者たちが、語りの共有を続け、大学を去った後も、この地域で語りを生きていくことを選んだわけではない。純粋な関係や語りの共有の継続を支えるとともに、卒業後も森の介護を続けたり、この地域にとどまって森やその他の人々と関係を維持し続けていくことの条件と言えるものとしては、①(以上の森との関係も含めて）この地域でできた「関係」が、自己アイデンティティの維持・発展のためのリソースとして語られていること、②物質的な基盤の存在の2つがある。そして、これら2つの条件が、以上みてきた語りの共有や展開と支え合いながら、この地にとどまって森やその他の人々とのコミュニティを支えていく人生を可能にしていると言える。次に、その2つを検討しながら説明していくことにする。

7　この地域での語りの共有を支えていたもの2
～コミュニティを超えて、より広い範囲での自己アイデンティティを語り、維持・発展させていくためのリソース

ここまで本章でみてきた範囲内において、元・学生介護者が自己アイデンティティについての語りを維持・発展させていく際の共有相手として想定されていたコミュニティは、学生及び森からなる介護グループを中心としたものであった。とりわけ大学在学期間における介護活動の継続にとって、自己アイデンティティの語りの共有相手としては、介護グループというコミュニティの存在は大きかったといえる。しかしながら、大学在学期間が終わった後の活動継続の条件をみていく場合には、この自己アイデンティティの語りの共有相手として、森を中心とするこのコミュニティ以外の人たちとの共有も重要なものとなる。少なくとも近代のある一定の時期以降においては、よ

ほど特殊な状況でもない限り、人は1つのコミュニティのみに所属していると意識することはなく、当然ながら、元・学生介護者も在学中から介護グループというコミュニティ以外においても、自己アイデンティティにかかわる語りの共有もなされていた。森の在住する市の役所勤めを希望していたが、近隣の市役所で勤めることになったNさんは、在学中の話としてなぜ介護活動を続けたのかという私の質問に対して次のように語っている。

Nさん：……（中略）……やめたいと思ってたんやろうなと思うことはいっぱいあるんですけども、例えばここで逃げたら終わりやなとかよく思っていたので。あの、介護失敗した次の週の介護とかはもう嫌なんですよ。

すでにみたように、Nさんの場合、少なくともこういった局面で語りの共有をする相手として想定されているのは、相談に応じたりしてきた地元在住で大切にしてきた友達であった（→151頁参照）。同様に、Eさんも、介護と大学の授業の両立が可能だということを「僕が介護をやっていたっていうことのアンサーなんだみたいなことにしたかったんですよ」と語り、大学教員との語りの共有も想定しているところもあった（→162頁参照）。

こうした局面での自己アイデンティティにかかわる語りについては、このコミュニティに帰属する中で求められる共有にとどまらず、このコミュニティを超えた範囲で共有されるか、あるいは特定のコミュニティでの共有を超えて抽象的なものとした、より一般的な意味で、個人化された自分らしさ、自己アイデンティティの構築の語りとして領有される面もある。在学中の介護活動をなぜ継続していたのかということについて、Bさんが、活動をやめた場合には「たぶん、自分、ボロボロになんねやろうな、という気がしていますね。そこで、保っている部分というのがありましたね」と語っていたことなども（→114頁参照）、森を中心とした特定かつ具体的なイメージのつくコミュニティ内での語りの共有を通じた自己アイデンティティ形成という理解では限定的すぎる。むしろ、これらの語りは、より広く、そして抽象的な聞き手のコミュニティでの共有を想定した、一般的な意味で自己アイデンティティ形成にかかわる語りであるといえる。

大学生ではなく、いわゆる社会人になると、その傾向はますます強くなってくる。Ｌさんの場合、社会人となり、勤務先の学校で「障害」者問題が注目されるようになってきた際に、家から通勤で「2時間かけている職場やけども、遠くにいることで森さんの話ができているなと思ったんです」としていた（→１０１頁参照）のは、少なくともこの語りについては職場での語りの共有にかかわるものであった。また、インタビュー当時にまだ30歳前後であったＩさんが、森の死後もセさんの自宅への在訪活動を続けることについて、「僕自身がせっかく10年間続けて、大事にしてきたものをそれで切っちゃったらなぁと思ったり」という語りにあるように、特定のコミュニティ内での承認にとどまらない、自己アイデンティティ形成一般の語りとしても理解できるであろう。

このように、特定のコミュニティ内での共有にとどまらず抽象化されたより広いコミュニティを視野に入れた自己アイデンティティ一般の維持・発展に寄与する語りのリソースが、森やこの地域でできたネットワークには、比較的豊富に存在していた。労働組合や部落解放同盟の支部、政党など様々な運動団体がかかわる市民会議やそれに関連した活動など自分自身がこれまで活動してきた積み重ねの関係がみられた。そして、こういった語りのリソースをも共有することで、森の近隣地域でその語りを生きていくことにつながりやすくなることは容易に理解できる。例えば、現業職を選んだ当初のＯさんが、「俺もそっち側からの人間になって一緒に闘いたいみたいなことで、偉そうに［同和地区］出身者に語っ」ていた（→77頁参照）。そして、反差別や組合運動にはあまりコミットしなくなってからは「森さんの介護を通じて、その森さんとかかわることが唯一差別の問題とかかわって［い］る。そこから逃げない自分やなっていうことを確認するために介護入っているんですよ」（Ｏさん）というように、森自身との関係において、自分づくりとしてのアイデンティティにかかわる語りも維持・発展させていく。また、Ｎさんの場合には、「ちょっとでもこう、まぁ相手の顔が想像できるようなところで働きたいなあと思ったので今の市を受けた［＝現在勤務先の市役所の採用試験を受験した］んですけども」と、これまでの積み重ねが、その後、生きていく語りのリソースとして語られていた。

そして、自己アイデンティティの語りを生きるためのリソースには共有期限のようなものも見いだせる場合があり、多くの場合、過去よりも現在にかかわる方が共有されやすい。Oさんでいえば「そこから逃げない自分」のための介護であり、Iさんの場合には、「それで切っちゃったらなぁ」と惜しまれるような10年の活動の積み重ねであるとともに、それは「昔やってたことって、なかなか、職場の人となかなか語り合わないじゃないですか」と語られている（→１６７頁参照）。

ただし、元・学生介護者たちが、一個人としての自己アイデンティティにまつわる語りを、この地のリソースを利用しながら、維持・発展させているに過ぎないと理解するならば、彼らのコミュニティが実現しつつあるものを見落としてしまうことになる。本書の第1章とのかかわりで言い換えれば、松岡（2006）が批判的に指摘した理想主義的な学習の主体として、能動的に領有していくかのように読み取れる側面のみに注目してしまうと、次のような側面が分かりにくくなる。それは、彼らが、この地のリソースを利用して、自己アイデンティティを維持・発展させる語りを展開しながらも、一個人の自己実現の語りには収まりきらないものについて語っており、そのような人と人との「純粋な関係」の語りの共有を維持しよう、あるいはせざるを得ないとする語りである。

詳しくは後の9で論じるが、例えばLさんの場合、職場から居住地が遠いことを聞かれても「僕にしてみたら、いざというときに1分かからんと、かけつけたい人なんで、こだわってるんです」という語り（→１０１頁参照）に確認できる、利他的な語りであると同時に、あくまで自分の「こだわり」のような語りにみられるものである。また、Mさんの場合、在学中に「一本立ち」を認められた際に「僕が今１００％森さんに応えられるわけでもないから」として、卒業後も介護に入ることなどは（→84頁参照）、一方では、大学卒業と同時に介護活動をやめるような自分ではないという自己アイデンティティの維持・発展であるとともに、他方では、森本人との純粋な関係の維持・実現でもあった。

我々が他者の語りを理解する語りの枠組み、レパートリーとして想定している語りが、過度に個人化された自己実現や、自己アイデンティティの構築という狭い語りの枠組みに囚われすぎると、後の節で見ていくコミュニティの維持・実現の語りもまた自己アイデンティティのリソースとしての側面のみに注目してしまい、それらの語りと並行して、あるいは同時に語られ、生きられている関係が見落とされてしまう。[6] この点については、のちに「9『混ざりもの』の中の『関係』・コミュニティ」の項目で議論する。

以上、本章の1から5までみてきたような、語りの共有や、本章6でみた森の人柄にかかわる語りや純粋な関係、本章7でみた一個人として自己アイデンティティにかかわる語り以外にも、この地で生活し、語りの共有を続けていくことを支えたり、促したりする条件があった。それは、大学卒業等ののちに、収入を得て生活していくための仕事や、住居等、いわば物質的な基盤と、予定進路の変更である。

8　この地域での語りの共有を支えていたもの3
～物質的な基盤と予定進路の変更

語りの共有の維持・発展を支える物質的な基盤としては、雇用と住居に関するものがある。顕著にみられたのは、このコミュニティがかかわる形で（決して全員ではないが）多くの元・学生介護者が、教員採用試験に不合格になったり、当初は志望していた教職以外の職を考え出したりしたタイミングで、このコミュニティが利用されていく語りが多くみられた。

比較的上の世代においては、森の住む地域の自治体職員の採用試験を受けることになる語りがあった。そもそも、X大学の介護グループ発足時の1980年頃の学生介護者メンバーは、市民会議で市役所の労働組合などと共闘し、組合がかかわる様々な行事（行進、フェスティバル）に参加していた。ただ市役所やその関連の職員に関しては、現業職と保育職に偏っており、市役所のいわゆる一般職の参加が少なかった。

そのような中、森がそういった行事に参加すると、学生たちも参加するようになる。そこで、森や学生に期待が集まり、声がかかるというわけである。このあたりの事情をOさんは次のように語る。

Oさん：　森さんとの介護の中で反差別とか運動の観点をもった人間が、［採用試験に合格して市役所に入って］その職場、組合に入ると、他の人たちはその観点が全くないので賃金闘争の話とかそんなんばっかりなのでそういう人たちが欲しいわけです。だから市役所［を］受けてくれへんかと。ほな利害関係一致するわけですよね、運動に参加していた学生がそこで自分の就職をして、さらにちゃんと就職してきた先に自分のやろうとしていたことが実現する。お互いの利害が一致して、そこで何名か市職の、市［役所］の人間になった人間がおるんです。

このように、採用試験や募集の案内にこのコミュニティでは接することができ、この発言をしたOさん自身も森の住む地域で現業職の採用募集があることを知らされた。その他、今回の調査の協力者の中では、唯一、他大学の卒業生で寮生でなかった、Qさんが（→105頁参照）、地元の教員採用試験で不採用となり悩んでいるタイミングで、組合の関係者から声をかけられて市職員の欠員の採用試験を受験していた。今回インタビューをお願いした中では、あと1人、2010年代になりNさんが市役所で勤務している。ただし、Nさんの場合、特に誘われたわけではなく、森と活動を共にする中で、森の住む自治体を志望しながらも年齢制限のため受けることができず、近隣の市役所を受けて、近隣に住んでいる。

雇用については、Bさん、Dさん（↓174頁参照）、Eさんは、森が役員をする団体に勤務し、Aさんは、最初は森の紹介で最初の仕事に就き、現在はかつて森が役員をしていた団体で働いている。Fさんも最初は、森とは直接的には関係のない法人で勤務したが、現在は、上のメンバーと同じ事業所に勤務している。取材当時、講師として森が住んでいた近隣で教員をやっていたJさんやIさんや、また、インタビュー当時にすでに教諭となっていたHさんも、採用試験が通るまでの間は、森そのものではなくても、森のネットワークで仕事をしていた。Mさんもサラリーマンを辞めた際には、森の住む地域近隣で講師の職を得ることができた。

また、本書でみてきた中では、Lさん（↓100頁参照）、Cさん（↓95頁参照）は、森に住居の世話をしてもらっている。その他、Gさんも、解放の家の近所でよい物件があった際に「陣地取りゲームじゃないんですけど、おさえる感じがあって……（中略）……、俺がおさえるわ、という感じがあって」、住むようになる。最後にFさんも、「その引きこもってしまう自分を理解してくれるかとか、そうなったときに、誰に助けてもらえばいいだろう、みたいのがあって、だから、敢えて解放の家」の近所に住むことを選んだという。

以上、みてきたように、今回の調査協力者の多くが、この地域あるいはその近隣で居住あるいは仕事をすることを容易にするネットワークや物質的な基盤があったということもできるだろう。彼らの語りを時系列の順番に述べると、はじめに語りの獲得やその共有、そして関係があって、それを支える条件として物質的な基盤があったということができる。だがこの条件については、当事者の語りをより詳しくみてゆけば、はじめにあった語りやその共有、そして関係と物質的な基盤が相互に支え合っていると理解することもできるだろう。

9　「混ざりもの」の中の「関係」・コミュニティ

以上、みてきたような、語りの獲得とその共有、そして住居や雇用という物質的な基盤の関連性について、本人たちは、どのように意味づけているのだろうか。この点に関して、Gさんは次のように語っていた。

＊：　X大学から、あのー、遠い地域に、もう、たぶん、同じ卒業生がどんどんどんどん、住んでいる、現象あたりを、どういうふうに理解したらいいのかなぁ、って、みなさんは、どういう意味づけているのかなぁ、ってそのあたりで、仕事でのつながりと、やっぱり、こう、一緒に運動をやってきて、この運動体の火をこう、消さずに、ちゃんとやっていこう、という、そういう意識も強くて［でしょうかね］？

Gさん：　その辺の微妙な混ざりものじゃないでしょうかね。てか、もし、力強く、なんか起業というか、その、サラリーマンか何でもねっ、企業へ入って、ビジネスマンとして生きていくのだったら……。もしかしたら、もう、［外に］住む力強さがないから、おるのかも知れませんね。逆にね。

本書の冒頭［↓12頁参照］でもある程度示唆しておいたが、人生の選択ともいえるような大きな選択については、そもそも単純に1つの意志、あるいは語りのみで理解する際には単純化が避けられない。社会科学も含めた広い意味での物語というものはそれぞれの断片を切り取ったものでしかない。言い換えれば、多様に語りうる「混ざりもの」の断片の1つにすぎないといえる。

そして「もしかしたら、もう、(外に)住む力強さがないから、おるのかも知れません」という、一見したところ消去法的な選択として捉えることができるような選択の語りも、決して全ての調査協力者からではないものの、次にみるように多くの協力者の語りから見いだすことができた。しかし、混ざりものとしての様々な語りについて、単なる「消去法」の語りとして理解してしまうのでは、彼らがここで語りを共有することによって、実現しつつあるものを見落としてしまうことになる。

確かに、消去法的な進路選択のように思える語りとしては、この地にとどまった理由を聞いた際に、例えばOさんが「[教員採用]試験に通らなかったんが1番です」(→76頁参照)と語り、Dさんも「教採[教員採用試験]落ちたんですよね」(→172頁参照)と語っている。そして、Eさんは、教員としてクラス運営等のスキルを獲得するとなると「そんなのをちゃんと準備できるようになるまでもたない気がするなぁ」(→162頁参照)と考えた頃にここにとどまることを語っていた。

しかし、例えばその彼らが、その消去法の語りとしては収まりきらない、語らざるを得ない、語ってしまうような、ある種のコミュニティの維持・実現についても語っていた。それぞれ、Oさんが「何《なん》かの形で卒業したらさよならっていう風になるのはひどいなぁと」と語り、Dさんの場合には、テさんの家族と在訪でかかわってきた学生たちが、卒業する際には「なんか、『勉強なりました。じゃあ』」と別れていくことが、「あまりにもなんか、申しわけなくて、ひどいかなと」(→171頁参照)と語っていた。そして、Eさんも、こういったコミュニティの象徴的存在ともいえる解放の家の存続が危ぶまれた際に(→163頁参照)、「その終わり方はないなぁ」と考え、その存続のためにここで活動していくことについて語っていた。これらの語りは、ここで積み重ねられてきたコミュニティの語りを、自分が失うことというよりは、そのコミュニティの語りの積み重ねそのものが失われないように共有してしまうことで、継続させていく語りであるといえるだろう。それは何かの手段のために存在しているコミュニティの語りというよりは、コミュニティが続くことそのものが重視されている点では、森との間に志向された「純粋な関係」を、(森以外の関係においても)コミュニティとして維持・実現しようとしている語りの継続といえる。

繰り返しになるが、確かに、これらの語りを注意深く検討すれば、例えば次のDさんの語りなどには、同時に「僕は違うと思ってもらいたい」といった一個人として自己の「アイデンティティ」にまつわる語りとも混在しているとも言える。しかしながら、同時に、関係それ自体に価値があるといえるコミュニティの継続についても語られている。

Dさん：　よくしてくれているCさんとか、解放の家の人たちとか。フロンティアのメンバーに返すんや、フロンティア[に]おり続けて、いろんな人の生活を支えたりとか、が、まあまあ森さんの恩にちょっとは報いれるかなと思ったんです。……(中略)……[その関係を切って去ってしまうと]何か嘘になっちゃう気がして。今僕がこう言っていることとか、かかわりとか。

もしも我々が、こういった語りを、語り手が当初予定していた進路がかなわず、別の選択をする際に生じる「合理化」といった能動態としての重点を置いた語りとして——例えば、本来は進路に向けるべきであった準備不足による消去法的な進路選択としてのみ解釈してしまうのならば——、学びというものを、そのような意味での能動態で語ることに慣れすぎてしまっているのかも知れない。

全員ではないが、今回調査に協力してくれた多くの元・学生介護者らのこういった語りの文脈においては、予定していた進路変更を余儀なくされたことが、前提とされている。だが、進路変更を伴わなかった元・学生介護者が、卒業後も語りの共有を続けてきたことも踏まえておく必要もある。進路変更を伴った元・学生介護者も、きっかけは進路変更が余儀なくされたことであっても、進路変更を伴わなかった元学生同様に語りとその共有を持続することができたともいえる。過度に個人化された自己実現の文脈で、個人が自分の意志で能動的に進路を選択することに伴う消去法の語りとして整理してしまっては、この点の理解が困難となる。

流動性が激しいこの社会においては、個人のアイデンティティの語りもコミュニティの語りも、従来の地縁・血縁といった「伝統的義務」(Giddens 1991=2021: 18) の基盤を持たないために、不安定な側面がある。そのため、これらの語りは、共有あるいは継続するための不断の努力によって成り立っているといえる。そして、コミュニティの雇用のネットワークや住居があることで、そのようなコミュニティ、そしてコミュニティについての語りの継続が促進されているといえる。そこには、積み重ねられた語りのコミュニティの中に自分自身がいながらも、同時に自己アイデンティティがそのコミュニティについての語りを共有によって存続させているような、中動態的な学びの過程を見いだすことができる。この語りのコミュニティにおいては、森自身にとってもまた自分や他の「障害」者の経験から紡ぎ出され語りの蓄積のほか、語り直されたものを共有する仲間もいた。こうして、森や地域の当事者との間で積み重ねられた語りのコミュニティを語り継ぎ、語りの共有を継続していくことになる。行政書士となり運動を継続していこうとするCさんが、そのことを雄弁に語ってくれている。

Cさん：　僕自身が解放されたいって言うのがものすごくあって……（中略）……、5歳とか7歳の僕を抱きしめたいんですよ。「しんどないで、しんどないで、ええことあるで」「と」、そこがやっぱりねっこにあって。……（中略）……昔はたぶん学生の頃や議員事務所のところは、大きな政治回路とか大きなことで考えていたんですけども、いろんな経験していく中で、草の根が大事やと思っていたんです。……（中略）……僕はどこのポジションにおりたいんかっていったら、例えば、議員先生になることだったり、なんか、哲学者になれるほど賢くもないし、このドロドロに、草の根で「おかしいよね」って「何か変えたいよね」「そのために仲間いるよね」ということを、やりたい。

仮に、当初予定していた進路に沿った語りではなかったとしても、ここで見つけた、積み重ねのあるコミュニティの語りを共有し続けるようになっていく過程がここにはみられる。ここで語られているのは、Cさんがここで語っているような、(狭い意味での)運動家としての森が目指した、「障害」者が地域で当たり前に生きるための「草の根」的な解放運動をストレートに引き継ぐものであったといえる。それは、森自身の差別経験からCさんに受け継がれ、共有された語りであったといえる。同様の傾向は、Pさんが森から「お前の生き方からにじみ出てくるような共闘関係っていうのを築けよ」(→138~139頁参照)という語りを共有していくことにも見いだすことができるであろう。

ただし、そもそもこのコミュニティで共有された語りが、一枚岩であることはなく、このCさんやPさんの語りに比べた場合、この節で引用した他の学生介護者の語りには、ストレートな解放運動にはみえにくいものも明瞭に混ざっている。次にみていくように、それらの語りもまた、森の語りを共有し、受け継いだものである。しかしながら、それらは、例えば行政と対決していくような解放運動的語りではなかったものの、森が運動論的には対応できなかった問題にも応答してゆこうとしている側面もある。それは、森やその関係者の語りを共有するコミュニティの人々が、単に森から語りを受け継ぎ、共有するだけではなく、状況の変化に応じて、語り直しを試みてゆき、それまで共有されてきた語りや、それらの語りに沿った生き方をも変えていくことでもある。そして、第1章で述べたように(→14頁参照)、そのことによって、コミュニティそのものも少しずつ変化していくことになる。

10 実現しつつあるもの
～語り直しという学びによるコミュニティの変化

解放運動的な側面から、行政と対峙するような森の運動のスタイルをストレートに継承し実行していくことは、今日ではなかなか見られるものではなく、その組織化も困難なことであろう。Cさん自身も、第2章でみたように「世の中の階級的な矛盾に気づいて、闘うための主体を作るなんていうことっていうのは、もう今の時代にそぐわない」と語っている（→65頁参照）。Cさんは、そのような理解の上で、今日的な「市民サークル」として、活動を広げようと数々の交流イベントを企画・実施するクレヨン・リンクを森やその関係者とともに立ち上げた。

先に述べたように共有されている語りが一枚岩ではありえず、方向性が異なっているものも当然ながら存在している。かつての行政と対決していくような解放運動的な語りとは、いわば対極をなす語りとして、コミュニティを説明する中でしばしば出てくるのは、知的「障害」のあるクさんと、そのクさんが何十年も通う解放の家の雰囲気である。その他、解放の家には、40年や30年前には学生介護者として通っていたが、今では、ある者は近隣住民として、またある者は職員として、この場に集まりながら、積み重ねのあるコミュニティの語りが紡がれて、その上で変わりのない時間がゆっくりと過ぎているようにみえる。

すでにみたように、Eさん自身が「お世話してあげている、お世話されているみたいな、感じの空間ではなかった」ような（→163頁参照）、「利用者」と「職員」といった枠組みでは捉えることができるものではない、ゆるやかな

このコミュニティの中では、Cさんの言葉を使わせてもらえれば必ずしも「哲学者」同士のような会話が常になされているわけでも、解放運動のための何か作戦についての話し合いが行われているわけでもない。そのコミュニティたるや、Ｅさん（→164頁参照）が「そういう共生の仕方でいいのか」と気づいたり、クさんが勝手に人の家の前で座り込んでいる際に、家のおばさんが「ええよ、ええよ」と言って、Ｂさんがクさんと一緒に座り込んでいる際に（→116頁参照）、気づき、語っているものである。

こういったコミュニティを説明する語りに登場することの多いクさんは、制度上は利用者であるが、支援される側、世話される側ではなく、しばしば支援者を世話する側として登場する。すでにみたように（→152頁参照）、Nさんは、大学1年生のときに、初めてクさんに出会ったその日に、解放の家から一緒に外出し、自分自身がクさんを思い通りにどこにでも連れて行けることに気づいた際に、そのことを、「クさんが体を張ってくれたんやなぁと思うんですけどね」と、クさんが教える語りとして説明している。

こういったコミュニティについて、なりたい自分のモデルとしては、クさんと語っているBさんはすでにみたように次のように言っていた。

Bさん：　結局、制度にのせて［い］ると、どうしても「支援者と利用者」っていうカテゴリーがどうしても、社会的にはできてしまうので、それをとっぱらうというのは、無理なんですけど、でも、意識としては、でも、その彼から、利用者と言われている人たちから何を学ぶのか、で、彼自身とか、彼女ら自身が、……（中略）……健常者はもっと、こうやったら、もっと楽に生きれるよと、実は提案しているのではないのかとか、もっと、そんな、人の顔色をうかがわんかっても、生きていけるんじゃねえ？　みたいな、こととかっていうのは［支援者に］学んでほしいなぁ、とか思ったりとか……（以下略）……。

解放の家を中心とした、こういったコミュニティには、Ｉさんが言う居場所的な役割を果たすつながりは見いだせたとしても（→166頁参照）、森修が、仲間と構想していた反差別的な運動の拠点としての解放の家とは、趣が違うと思われる。しかしながら、以上、みてきたクさんとのかかわりの中をめぐる語りなどから、この積み重ねのあるコミュニティの語りには、森が少なくともある時点では「全くと言っていい程何も出来なかった」と言及していた課題、あるいは森が残した課題とでもいえるような、知的「障害」も含めた意味で彼のいう「精神『障害』児・者の解放」に関する語りも可能にしているようにみえる。

解放の家では、当初、青い芝の会の活動にみられるような、身体「障害」者の運動のスタイルが考えられてきたといえる。しかしながら、そこに通ってきた多くが、クさんをはじめ身体ではなく知的「障害」のある子どもやおとなが中心になっていた。そのため、身体「障害」者以外の解放をどう考えるかという問題には直面しやすい状況になっていったと言えるだろう。

その知的「障害」を含めた意味で森のいう「精神『障害』児・者の解放」に向けたとりくみは、とりわけ「健全者」とされる人たちこそが、当事者を中心にした新しい語りを獲得して、自分たちの価値観を見つめ直し、その語りの共有をコミュニティで実現しながら生きていくことの中に見いだすことができる。かつてX寮でいわれていた「しんどい者」中心の語りが言葉を換えて共有されている面もあるかも知れない。それは、「健全者」とされる人たちにとって、パターン化されてしまっている「世話をしてあげる」という上下関係ある語りではなく、「一緒に遊べるのも介護のうちじゃない？」（→158頁参照）といった語りの文脈で捉え直したり、「障害」者が体を張って「健全者」に教えてくれているのだという語り等を獲得したり（→152頁参照）、語り直し[7]、それを共有し、その語りをともに生きていくことにある。

Eさんは言う。

Eさん：　僕が［学生の頃、解放の家には］遊びに行っているっていうだけでよかって、で、それで解放の家も解放の家で、そういうEを利用してた、みたいな、感じでなんか進めてた、というような感じが、あ、すごいな、いいなぁ……（以下略）……。

しかも、そのようなコミュニティの語り（直し）は、広い意味での「精神『障害』児・者の解放」にとどまらず、森が課題提起していた「家から一歩も出ることのできない生活を余儀なくされている在宅障害者がいることを忘れたらダメや」という語りを共有し、その語りに応答している側面もあると言える。重度の身体「障害」のあるソさんとの関係について（→175頁参照）、もともとは教員を志望していたDさんは次のように語っている。

Dさん： ソさんとはそうですね、友達やと思っていて、僕が先生したら［＝学校の教員になったら］、ソさん仕事ができんくなる。……（中略）……単純に僕が介護の仕事を選ぶことによって、僕がこう大切に思っている人たちが、まぁまぁ、よい生活ができるのだったら、ああ儲けもんやなと、思った。

一方では、Dさんの支えがなければ、ソさんが取り残されてしまう恐れがあるが、逆にソさんの生活にかかわることで、Dさんは、自らの進路や仕事の意味が導き出されている。そう考えれば、支えているのはソさんの方だとも語ることができるし、そもそも、人の選択というものは、本書でいう混ざりものの中で中動態的に行われるものだとすれば、こういった場合もどちらでも語ることができる。どちらでも語りうるものを、「健全者」が「障害」者を一方的に支えるという語りではなく、「健全者」の方が支えられている、あるいはお互いに支え合っているのだと語り直すことで、新たなコミュニティを実現しようとするものだといえよう。そして、その語りは、「障害」者の解放に限らず、より包括的《インクルーシヴ》な語り直しをも示唆するものである。すでにみたようにKさんは、「自分でヘルプを出せるとか、ということが、すごく大事な自立なんだ」という語りをこのコミュニティで学んだ。「健全者」を中心にした〝近代〟的な「自立」観を再考させるこの語り直し自体は、今日でもしばしばよく議論されるものである。[8] これらの「自立」は、人に頼ることをポジティブに捉え直す、人と人の関係の語り直しであるともいえる。そして、多くの「教育」をめぐる語りが目的としてきた「自立」をこのように語り直すことは、「教育」の語り直しをも迫ってくるようになるだろう。

このような語り直しは、より多くの人たちに共有されてゆけば、立法化することで社会システムをも変化させることもあり得る。「障害」者の解放とのかかわりでいえば、一定の年齢以上の読者ならば、「障害」というものを個人に見いだす「『障害』の医療モデル（個人モデル）」に対して、「障害」というものは、マイノリティが社会に参加する際に、物理的な施設のみならず、偏見や価値観なども含めた「社会的障壁」など社会の側に見いだす「『障害』の社会モデル」[9]への語り直しは、かなり昔のこととして記憶されているかも知れない。その当時は、「健全者」中心の「障害」の語り直しにしか思えなかったことが、立法化とともに制度に反映されるようになり、今や障害者差別解消法をはじめ社会システムのあり方を多少なりとも変えようとしている。教育における「自立」等の考えも時間がかかりながらも、教育システムの変更をも伴うことになるかも知れない。

本書のこれまでの章とのかかわりでいえば、すでにみたように（→56頁参照）、解放の家の正式名称は、「『障害』者と健全者の解放の家」でもある。「障害」者と「健全者」の解放が予定調和的に実現するとまではいえないにせよ、前述のように「健全者」中心の語り直しを変えていく中に、森が残した課題に応答しようとしているともいえよう。そこでは、語り直しも含めて、〃語りの獲得〃という学びを経て、地域で語りの共有がなされていくことによって、「健全者」と「障害」者らの新たな関係をめざすコミュニティが模索あるいは維持されている。また逆に、そのようなコミュニティが模索あるいは維持される中で、語りの共有も維持されてきている。

それは、結果として、森が考えていたであろう解放運動のスタイルとは異なるかも知れない。しかし、そこには、森自身の体験・経験や地域での活動からにじみ出てきた「忘れたらダメや」や「地域で当たり前に生きる」といった語りを共有しながらも、新たに語り直していくコミュニティを、見いだすことができる。そのコミュニティの語りが（自分たちの物理的な居住地域としての）この地域で生きられているのだといえよう。

註

（1）Putnam（2000=2006）の社会関係資本の類型を参照。

（2）コミュニティと「帰属」についてはG・デランティ（Delanty [2003]2018）を参照。以下の議論は、J・レイヴとE・ウェンガー（Lave & Wenger 1991=1993）の理論的枠組みであれば、正統的周辺参加（legitimate peripheral participation）として議論されてきたであろう「参加」のあり方を、中動態的な語りの共有という観点から検討し直して、より広い範囲で参照できる枠組みへと変更していく試みと見なすこともできるだろう。

（3）森修さんを偲ぶ会実行委員会（2017）にも紹介されているが、該当箇所のノートの現物写真で内容を確認した。

（4）横塚晃一（[1975]2007）に収録されている文章では268頁。

（5）梅原猛・全訳注（2000: 20）参照。

（6）なお、すでにみた佐伯（1995: 11）が「学び」を「終わることのない自分探しの旅」としたり、小熊英二（2009: 下 793-794）が全共闘運動を〈自分探し〉運動であったとしているように、確かに、個々人に即して考えるならば、学びや運動をアイデンティティ中心に語ることはできる。しかしながら、ここでは、そういった個々人が作り出している関係にも着目している。

（7）もちろん、以下で見ていくような「障害」や支援をめぐって、本書の枠組みでいう語り直しに相当することそのものは、様々な論者が行っている。例えば渡辺一史（2018: 125）は、「人は誰かを『支える』ことによって、逆に『支えられている』のです」としているし、竹内章郎（2007）の能力の共同性をめぐる議論や立岩真也（2013）の私的所有をめぐる議論もまたそれに相当するといえる。また、後でみる「『障害』の社会モデル」もまた、障害の語り直しに相当するものであるといえる（林美輝 2005; 2020）。

（8）熊谷晋一郎（2017）、安冨歩（2011）、林美輝（2018）など。

（9）障害の社会モデルについては、杉野昭博（2007）ほか川越敏司（2013）などを参照。

おわりにかえて

以上、元・学生介護者17人の語りをてがかりに、森修との出会いを通じた学びについて検討してきた。以下では、本書の内容を若干、振り返りながら、基調となる問いへ（→vi頁参照）の答えの簡潔な確認と補足をすることで、おわりにかえたい。約40年前に1人の「障害」者が、少し遠く離れた大学のX寮に現れて、介護者を集め、身体を張って学生とふれ合いながら自らについて語ることがなければ、本書で登場したかつての若者たちは全く違った人生の歩み、あるいは語りを生きていただろう。そして、森と同様に地域で自立生活をしたり、「在訪」を受けたりしながら過ごしている他の「障害」者もまた、違った人生を歩んでいたことも考えられる（そして、私がこの地域の活動とかかわることもこの本を書くこともなかったことだろう）。

そうやってみた場合には、1人の「障害」者の語りが、多くの人たちの語り直しも含めた語りの獲得という学びを次々に生み出し、それらの語りの共有が物理的な空間を指す意味での「地域」と重なりながら、うねりのようにひろがるコミュニティをつくりだしてきたかのようにみえる。

語りが共有されて広がるコミュニティにあって、1人ひとりは単純に受身となって語りを共有させられているのではなく、共有することによってこそ、自分の語りをつむぐことができるようになるとともに、状況に応じた語り直しをしてきた。それは、能動的に何かを切り拓くというよりは、自分自身が語りの共有の内部で語り直していく過程にある中動態的な学びの過程であるといえる。そして身体「障害」者をめぐる運動の語りだけでは対応できないコミュニティの状況に直面し、森自身が課題としてきた知的「障害」者の解放のあり方を新たな語り直しによって示してきた。そういった語り直しという学びの過程を通じて、コミュニティそのものも変化してきているといえる。

こういった語りのコミュニティが生じたのは、森一人の人柄や語りだけによるものとするのは単純すぎる理解であろう。そこには、元・学生介護者の多くが教員を目指していたことや、様々な生い立ちを背負った彼らが森に出会う前から森の語りを共有しうるような語りをすでに生きていたことも関係している。そして、在学中に、解放教育や在日コリアンの人権にかかわる運動などの影響とともに、それらの語りが継続していくことを可能にする学生寮やサークルの存在も大きかった。さらに、卒業等により学籍がなくなった後には、住居あるいは職業等からも語りの共有を可能にする物質的な基盤も役割を果たしてきた。

また、そのようなコミュニティは、そもそも（森が出会った近隣の他の「障害」者や青い芝の会をはじめ）森に先立つ先人達の語りがなければ、みられるものではなかったかも知れない。そうやってみれば、森自身もまた中動態的な語りの獲得やその共有という学びの過程にいたといえる。すなわち、語りの獲得を学びとして理解する本書においては、森以前から受け継がれる一連の語りの獲得と共有もまた、学びの連鎖ということになる。

このような語りの獲得としての学びは、第1章でみたように私たちが生きている語りのあらゆるところにみいだせるものである。それは、日常生活そのものを通じたインフォーマルな学びだけでなく、公民館などにおけるノンフォーマルな学び、学校教育制度を通じたフォーマルな学びにも見いだせるものである。ただし、その中でも、例えば学歴や資格といったかたちでフォーマルな学びには、制度的に境界線が引かれて公的な価値が付与されていて、学びの価値に上下関係が構築され、フォーマルな学びが何か特別なものに思われがちである。しかも、学びのそのような側面が、個人への責任、社会的な地位の選抜機能や財の配分と結びつくことで強調されるならば、社会的な排除と容易に結びつきやすいといえる。

しかしながら、国家や市場といった枠組みによって正統化されてきた学びの価値の上下関係も、今日、U・ベックなどがいう意味での「個人化」が徹底しているともいえる社会的趨勢の中、自明なものではなくなってきている。(1) 例えば個人の幸福という観点からは、言うまでもなく、フォーマル、インフォーマル、ノンフォーマルの学びの意義の上下関係は流動的である。個人にとって、なんらかの地位や財へのアクセスよりも、もっと重視される語りの獲得が見いだせた時には、社会的にこれまで特別な価値が付与されてきた学びの位置づけも低下していく。そうやって考えた場合に、本書でみた語りを生きる人たちの多くにとっては、本書冒頭でみたような彼らがいた「健全者」に有利なトラックの位置づけも流動的なものにほかならなかった。また同時に彼らが生きた語りは単なる個人化されたものにとどまらず、コミュニティの維持にも寄与するものでもあった。

さらに、能動的な個人の主体性に力点をおいた学びを、何らかの責任に結びつける語りの問題性は、フォーマルな学びが能力主義や、選抜機能と格差を正当化する方向で結びつけられるだけにとどまらない。すでに述べたように、そのような語りは、依存症やその他社会生活上の困難をかかえている人たちそれぞれの境遇を、自己責任あるいは、自分の力だけで解決すべき問題として語ることと結びつきやすいといえる。このように考えた場合には、多くの我々が慣れ親しんだ近代的なフォーマルな学びにみられる主体の能動性（→10頁参照）のみに依拠した学びの語り方は、包括的《インクルーシヴ》なものとはとうていいえない側面があるのは明らかであろう。

そのような語り方を包括的《インクルーシヴ》なものを目指しつつ脱却しようとするのであれば、今日ますます個人化していく社会の中において、まずは学びそのものについて、共生という観点から、どのような語りの獲得と共有をし、語りを生きていくとすれば、コミュニティ、そして社会が望ましいものに近づくのかということを考えることが必要となる。なお、そのような語りを考える際の我々の語りは、確かに主体の能動性を前提にした語りになっている。しかしながら、そのような語りの獲得としての学びは、そもそも我々が包括的《インクルーシヴ》な語りを目指す限りにおいては、自己責任論や排除と容易に結びつくものではない。ただしそのことが保証されている訳ではない。したがって、そこに生じる自己責任論や排除を常に見つめ直していく必要がある。すなわち語りの獲得や語りなおし、そしてそれらの共有という学びは、終わりなき試行錯誤のためのコミュニケーション過程に限りなく近づいていくことであろう。

註

（1）グローバリゼーションや個人化の進展の中、国家といったカテゴリーも、例えばU・ベックのいうような「ゾンビカテゴリー」として、「死んだのに生きながらえている」とみることができる側面もある（Beck & Beck-Gernsheim 2002: 27=2022: 47）。そのように理解した場合には、今日、国家に沿って形成されてきたフォーマルな学びのカテゴリーそのものも「ゾンビカテゴリー」としてみることができる側面があるだろう。

あとがき

最初に本書の『語り《ナラティヴ》を生きる』という書名を思いついたのは、1970年代から2010年代にそれぞれ学生介護者だった人たちが、大学在学中の運動での語りをその後も共有し同じ地域で生き続けている状況を思い浮かべたことに由来する。これだけ多くの人たちが、森修あるいは、彼とかかわりのあるコミュニティとそのように生き続けてきたことには深く感銘を覚えていた。

ただ、他の候補もあった中で、実際に本書でこのタイトルを採用したのは、彼らのこのような語りを読者と共有したかったからということと並んで、もう一つの思いがあった。そもそも、彼らに限らず多くの我々も、整合性の有無に関係なく複数の語りやアイデンティティズを生きており、そのような語りの獲得を、生きる上での「学び」の中心として明確に位置づけることについて、より多くの皆さんと一緒に考えたかったからでもある。

後期近代ともいわれる状況下で、我々の多くは、複数のアイデンティティズであっても語りを生きるスタイルを求められているようになっている。研究協力者となった彼らにひきつけていえば、もし仮に森と〝地縁〟や〝血縁〟があったならば、森と地域でかかわり、生き続けることについては、それほど語る必要もなかったかも知れない。しかしながら、もともとは、そのような〝縁〟もなかった森や彼らのコミュニティとの関係を続けていく際には、その意味について語り続けざるをえなくなっている。その際、本書でみたように、語り続けるためには様々な条件や基盤が一定の役割を果たしていく。

同じことは、我々の大部分にもいえる。生まれによってその後の生き方が決まっていた社会ではないというタテマエの下、例えば就職採用試験では、履歴書をもとに何故この道を生きてきたのかと問われるし、そういった質問に明確に答えられない場合には主体の能動性が疑われるような言語劇を生きている。しかも、多くの場合、自分自身でも疑うことなく使用している、そういった主体の能動性の語りを支えているともいえる社会階層等の基盤はこの言語劇では等閑視されがちである。

採用試験といった状況でなくても、我々は日常生活で、苦しみを和らげたり、生きがいをみつけたりする中で、何らかの語りを獲得している。そのような語りの獲得という「学び」は、個人を中心にみた場合には、フォーマルな「学び」、ノンフォーマルな「学び」、インフォーマルな「学び」といった区別や上下関係とは関係なく、日常生活、生きることそのものを通じて行われているものである。

それにもかかわらず、私たちの「学び」をめぐる語りは何故、フォーマルな学校教育を基軸に、スポットライトが当てられ、事実上ランクづけられて、しかも自己責任の語りと連動しがちな方向で、獲得されたり共有されたりしているのだろうか。そうなってきた背景には、「学び」について語ろうとした際に模範あるいはリソースとして利用しようとするパラダイムにおける、「学び」や教育についての偏った語り方が大いに関係しているといえる。「学び」については、まるでその語り方の〝癖〟のように、政策論議や学会で認められるようなスポットライトのあたった方法や制度に則して語り、議論してしまうため、より多面的にみて人々がどういう語りを獲得して（＝学んで）スポットライトのあたっていないところで生きているのかという点は軽視されがちである。別の角度から説明すれば、仕事／余暇、公的／私的等といった使い分けを前提にして、政策や研究に連動しやすい方の「学び」を取り上げて一面的に語ることに重点を置きすぎていることもあげることができるだろう。

こうした区別を当然に思わせる働きを担うのは、「学び」というものを特定の時代を背景に作られた施設や制度のみに関係づける語りへの固執をはじめ、もはやゾンビカテゴリーと化しつつあるタイプの教育に限りなく類似した語りや、それらの施設、制度そして理念に合致した人間をモデルとした偏った語りである。そのような語りにのみ即して議論してしまうと、個人化されるとともに、超高齢社会ともいわれる今日の我々が生きる語り、即ち「学び」の大半が捨象されかねない。

スポットライトが当てられやすい公的な生き方にかかわる「学び」、そして仕事にかかわる「学び」のみを語ることによって、近年よく聞くようになった表現を使えば、〝インスタ映え〟した「学び」の議論だけになってしまう。我々が複数のアイデンティティズを生きている限り、一方では、〝インスタ映え〟している学びも〝リアル〟であるともいえるが、他方で多くの我々にとって、（〝リアル〟とは異なる）何らかの〝空しさ〟が伴うからこそ〝インスタ映え〟という表現は、自嘲のものも含めて——「語り《ナラティヴ》」ならぬ——「騙《かた》り」を（獲得して）生きているかのような、ある種の空疎さを指摘する語りとして共有されているのではないか。

　ただ、私が本書でこういった議論を進めていくことで語り一般に重点を置いて記述していくと、本書の研究協力者一人ひとりが生きた具体的な語りが、（理論的考察の議論でありがちな）カタカナや横文字で上書きされたり、かき消されたりしてしまうことになってしまう。その結果として、話を複雑にしてしまい、語りの獲得としての「学び」をより多くの皆さんと一緒に考えることからも遠ざかっていくように思えた。

　こういった思いで書いた書物ということもあり、大学や学会等の〝アカデミック〟な世界での主流ともいえる議論の深め方（あるいは語り方）とは異なっているところもある。ただ、そういった〝アカデミック〟な語り方を支えてきた社会文化状況も、今日のメディア環境の変化や、紙に印刷された活字文字に重点を置いた人々の語りの獲得という「学び」の相対的な地位の低下とともに、多様化してゆかざるをえないように思える。これについては別の機会に書いてゆきたい。

　なお、地域で森と語りを多かれ少なかれ共有してきた「障害」当事者の語りは、今回の問題設定との関係上、本書では取り扱わなかった。また、本文でも書いたことだが、大学卒業後も、森と共有した語りを全国各地で生きている人たちについては、取り上げることはできなかった。森自身は、あるインタビューで、（おそらく森の介護活動に参加していたという意味で）自分が育てた教員は３００人くらいいると語っている（→本書54頁参照）。「障害」のある当事者が森の語りをどのように共有したり（しなかったり）したのかということや、元・学生介護者で卒業後に全国各地で森の語りを共有し続けてきた人たちの「学び」についても、一部の人であっても協力が得られれば、多くの読者と共有させてもらえないだろうかと考えている。

本書全体のテーマにもかかわるが、本書は、私に語りを共有させてくれた人たちの協力及び彼らとの出会いの成果であって、私の成果ではない。そういった大前提の下での話であるが、個人の語りの形式で書かせてもらうと、そもそも感謝すべき人はあまりにも多すぎてここには書ききれるものではない。まずもって、インタビュー調査に応じてくれた17人の方々には、どれだけ感謝しても感謝しきれない。その人の大切な語りをこうやって固定的な文字にすることは、その人の人生を預かるようなプレッシャーを今も感じている。

NPO法人クレヨン・リンクや一般社団法人フロンティア、そして、それらに関連したコミュニティでは、井上明博さん、矢上卓弥さん、岡本研次さん、西海公浩さん、濱中泰弘さん、森泰輔さん、柳橋仁さんをはじめとする多くの仲間と日々語りを共有することそのものが、今の私が生きることと切り離せなくなってしまった。日々のつながりに感謝している。

また、自分の興味関心を最優先して研究することができたのは、指導教員になって下さった上杉孝實先生、前平泰志先生が、今日にいたるまで私を暖かく見守りながらご指導頂いてくれたおかげである。山﨑高哉先生、辻本雅史先生、矢野智司先生、鈴木晶子先生からも授業その他でご指導を頂き、先生方から頂いた励ましの語りを、自分に都合よく編集あるいは領有して生きることができたからこそ、今もこうやって文章を書き続けることができている。また、赤尾勝己先生、生田周二先生、梅田修先生、川勝泰介先生、佐野茂先生、戸江茂博先生、堀薫夫先生には、人生のターニングポイントで多くの相談等に時間を費やしてもらい、感謝の思いで一杯である。そして、石山竜平さん、小川崇さん、小野文生さん、小原一馬さん、片山勝茂さん、久保田治助さん、厳平さん、瀧端真理子さん、津田徹さん、弘田陽介さん、保田卓さん、山内清郎さんをはじめとする皆さんには、研究／余暇、公的／私的等といった区別なく、私が生きる上で大切な語りを常に与えたり、共有してくれたりした。

さらに、「学会」というもの全般になじめない私を長年、運営委員として務めさせてくれている社会文化学会では、大関雅弘さんや三宅正伸さんをはじめ会員の皆さんにお世話になっている。なお、本書の本文は全て書き下ろしであるが、本書でみた一部の人たちの語りをもとにした考察については同学会の全国大会シンポジウムで口頭発表の機会を頂き、会員の皆さんから貴重なコメントを頂いた（「『対話』と『つながり』の構築——ある『障害』者解放運動に関する研究をもとにして」、社会文化学会第22回全国大会「全体シンポジウム　対話無き社会で『対話』を問い直す」2019年12月7日、於 名古屋大学）。

そもそも、こうやって日々、研究や地域活動を自由に続けていくことができているのは、龍谷大学の教職員・元教職員、そして在学生や卒業生の皆さんのおかげである。大学の構成員がお互いを尊重しているからこそ、私の場合には研究も活動も可能であったとしみじみと感じている。そのような大学を支えてくれている全ての人に感謝している。

最後になるが、晃洋書房編集部の丸井清泰さんと福地成文さんには、長期間にわたり非常に献身的な編集作業をして頂いた。その間、貴重かつ重要な指摘を沢山してくれたおかげで、草稿と比べれば格段の差で読者と語りを共有しやすくなった。ここに厚くお礼申し上げたい。

2023年1月

林　美輝

引用・参考文献

〈邦文献〉

「青い芝の会」神奈川県連合会，1989,『会報　あゆみ　創立 30 周年記念号（上）自第 1 号〜至第 26 号』.

青山正さんを救援する関西市民の会，2007,『さいばん，マル――野田事件・青山正さんの再審無罪を求めて』障害者問題資料センターりぼん社.

赤尾勝己，2004,「生涯発達――物語としての発達という視点」，赤尾勝己編著『生涯学習理論を学ぶ人のために』世界思想社，115-139.

荒井裕樹，2011,『障害と文学――「しののめ」から「青い芝の会」へ』現代書館.

――――，2017,『差別されてる自覚はあるか――横田弘と青い芝の会「行動綱領」』現代書館.

――――，2020,『障害者差別を問いなおす』筑摩書房.

岩崎久美子，2019,『成人の発達と学習』放送大学教育振興会.

上杉孝實，1993,『地域社会教育の展開』松籟社.

梅原猛全訳注，2000,『歎異抄』講談社.

大阪人権博物館，2002，『障害者でええやんか！――変革のとき　新しい自立観・人間観の創造を』大阪人権博物館.

荻野亮吾，2011,「生涯学習へのナラティヴ・アプローチ」，立田慶裕編著『生涯学習の理論――新たなパースペクティブ』福村出版，146-164.

小熊英二，2009,『1968』（上・若者たちの叛乱とその背景）・（下・叛乱の終焉とその遺産）新曜社.

小野文・粂田文編，2022,『言語の中動態，思考の中動態』水声社.

解放の家開所 20 周年記念実行委員会，2007,『解放の家 20 周年記念文集　かいほうの家とわたしたち』.

角岡伸彦，2010,『カニは横に歩く――自立障害者たちの半世紀』講談社.

川越敏司・川島聡・星加良司編，2013,『障害学のリハビリテーション――障害の社会モデルその射程と限界』生活書院.

金満里，1996,『生きることのはじまり』筑摩書房.

熊谷晋一郎，2017,「当事者の立場から考える自立とは」『精神医療』86: 80-85.

國分功一郎，2017,『中動態の世界――意志と責任の考古学』医学書院.

――――，2021,「中動態から考える利他――責任と帰責性」，伊藤亜紗編『「利他」とは何か』集英社，147-177.

國分功一郎・熊谷晋一郎，2020,『〈責任〉の生成――中動態と当事者研究』新曜社.

斎藤清二，2018,『総合臨床心理学原論』北大路書房.

佐伯胖 , 1995,『「学ぶ」ということの意味』岩波書店.
桜井厚 , 2002,『インタビューの社会学――ライフストーリーの聞き方』せりか書房.
――――, 2012,『ライフストーリー論』弘文堂.
定藤邦子 , 2011,『関西障害者運動の現代史――大阪青い芝の会を中心に』生活書院.
汐見稔幸 , 2021,『教えから学びへ――教育にとって一番大切なこと』河出書房新社.
志水宏吉 , 2003,『公立小学校の挑戦――「力のある学校」とはなにか』岩波書店.
末本誠 , 2013,『沖縄のシマ社会への社会教育的アプローチ――暮らしと学び空間のナラティヴ』福村出版.
杉浦健 , 2017,『多元的自己の心理学――これからの時代の自己形成を考える』金子書房.
杉野昭博 , 2007,『障害学――理論形成と射程』東京大学出版会.
皇紀夫編 , 2012,『「人間と教育」を語り直す――教育研究へのいざない』ミネルヴァ書房.
添田祥史 , 2008,「識字教育方法としての自分史学習に関する研究――ナラティヴ・アプローチからのモデル構築の試み」『日本社会教育学会紀要』44: 41-50.
高橋登・伊藤美和・木原香代子・木村理恵子・六車陽一・中井理恵子・西美香・千賀由加利 , 1997,「幼児期におけるナラティヴの発達」『大阪教育大学紀要』教育科学 45(2): 227-246.
竹内章郎 , 2007,『新自由主義の嘘』岩波書店.
立田慶裕 , 2018,『生涯学習の新たな動向と課題』放送大学教育振興会.
立岩真也 , 2000,「『能力主義』という差別」『仏教』50: 55-61.
――――, 2013,『私的所有論　第 2 版』生活書院.
津田英二 , 2012,『物語としての発達／文化を介した発達』生活書院.
天畠大輔 , 2022,『しゃべれない生き方とは何か』生活書院.
特定非営利活動法人あとからゆっくり設立五周年記念事業実行委員会編 , 2007,『特定非営利活動法人あとからゆっくり～であい・つながり・ひろがり～設立五周年記念文集』.
野口裕二 , 2005,『ナラティヴの臨床社会学』勁草書房.
浜田寿美男 , 1991,『ほんとうは僕殺したんじゃねえもの――野田事件・青山正の真実』筑摩書房.
林美輝 , 1999,「『反省』という学習――J．ハーバマスのコミュニケーション行為の理論と我々の時代の学習」, 上杉孝實・前平泰志編著『生涯学習と計画』松籟社 , 123-147.
――――, 2005,「生涯学習社会における能力評価の原理的考察――『障害の社会モデル』と『潜在能力アプローチ』を手がかりに」,「社会文化研究」編集委員会編『社会文化研究』8, 晃洋書房 , 54-70.
――――, 2018,「学校を卒業した『障害』のある若者を支える――『青年期の学びの場 Leaf』

の実践と、つながりの中での『自立』」『TOYONAKA ビジョン 22』21: 18-25.
――――, 2020,「『障害』のある人の生存と社会文化」, 社会文化学会編『学生と市民のための社会文化研究ハンドブック』晃洋書房, 12-13.
平野啓一郎, 2012,『私とは何か――「個人」から「分人」へ』講談社.
廣野俊輔, 2015,「川崎バス闘争の再検討――障害者が直面した困難とは？」『社会福祉学』55(4): 43-55.
福沢諭吉, [1872] 2006,『学問のすゝめ』(伊藤正雄校注) 講談社.
前平泰志, 1999,「生涯学習計画――技術的合理性を超えて」, 上杉孝實・前平泰志編著『生涯学習と計画』松籟社, 237-256.
松岡廣路, 2006,『生涯学習論の探究――交流・解放・ネットワーク』学文社.
森修, 1982,「明日に自由が視えるか、森修の生と性」『そよ風のように街に出よう』(そよ風のように街に出よう編集部) 10: 17-29.
――――, 1999,「私の生い立ち――「障害」者の解放を求めて」『大阪教育大学　教育実践研究』8: 81-88.
――――, 2000,『ズバリ、「しょうがい」しゃ――わが人生に悔いはなし』解放出版社.
――――, 2001,「障害者として生きるということ」『自立生活運動と障害文化――当事者からの福祉論』全国自立生活センター協議会, 322-327.
――――, 2002,「『障害』者として生きるということ」, 大阪人権博物館『障害者でええやんか！――変革のとき　新しい自立観・人間観の創造を』大阪人権博物館, 118-117.
森修さんを偲ぶ会実行委員会, 2017,『追悼文集――影の軍団――「障害」者が自己主張を始めた時、そこに壮絶な闘いが始まる』.
森修生活史編集委員会, 1990,『わたしは, こう生きてきた――森修生活史』陽光出版.
森修・牧口一二, 2012,「VS マキさん　森修さん　飄々と己が道をゆく」『そよ風のように街に出よう』(そよ風のように街に出よう編集部) 83: 24-29.
森修・牧口一二・宇田川信吾・河野秀忠, 1983,「オサムどんアドベンチャー――明日に自由は視えるか」, 牧口一二・河野秀忠『ラブ――語る。障害者と性』長征社.
安冨歩, 2011,『生きる技法』青灯社.
山下幸子, 2008,『「健常」であることを見つめる―― 一九七〇年代障害当事者／健全者運動から』生活書院.
やまだようこ, 2000,「人生を物語ることの意味」, やまだようこ編著『人生を物語る――生成のライフストーリー』ミネルヴァ書房, 1-38.
横田弘, [1979]2015,『【増補新装版】　障害児殺しの思想』現代書館.
横塚晃一, [1975]2007,『母よ！ 殺すな』生活書院.
横塚りゑ, 1979,「心の共同体」, 介護ノート編集委員会『はやくゆっくり――横塚晃一最後

の闘い』337-339.
リービ英雄, 1997,『アイデンティティーズ』講談社.
渡辺一史, 2018,『なぜ人と人は支え合うのか――「障害」から考える』筑摩書房.
渡邉琢, 2011,『介助者たちは、どう生きていくのか――障害者の地域自立生活と介助という営み』生活書院.

〈欧文献〉
Beck, Ulrich., & Beck-Gernsheim, Elisabeth., 2002, *Individualization: Institutionalized Individualism and its Social and Political Consequences,* SAGE Publications Ltd（中村好孝ほか訳, 2022,『個人化の社会学』ミネルヴァ書房）.
Benveniste, Émile, 1966, "Actif et moyen dans le verbe, " *Problèmes de linguistique générale, I* ,Gallimard, 168-175（岸本通夫監訳, 河村正夫ほか共訳, 1983,「動詞の能動態と中動態」『一般言語学の諸問題』みすず書房, 165-173）.
Clark, M. Carolyn, 2010, "Narrative Learning: Its Contours and Its Possibilities," Rossiter, Marsha & Clark, M. Carolyn eds., *Narrative Perspectives on Adult Education: New Directions for Adult and Continuing Education,* Jossey Bass（荻野亮吾訳, 2012,「ナラティヴ学習――その輪郭と可能性」, 立田慶裕ほか訳『成人のナラティヴ学習――人生の可能性を開くアプローチ』福村出版, 16-29）.
Collins, Patricia Hill & Bilge, Sirma, 2020, *Intersectionality (2nd ed.),* Polity（下地ローレンス吉孝監訳, 小原理乃訳, 2021,『インターセクショナリティ』人文書院）.
Delanty[2003]2018, *Community (3rd ed.),* Routledge（山之内靖ほか訳, 2006,『コミュニティ――グローバル化と社会理論の変容』NTT 出版）.
Giddens, Anthony, 1991, *Modernity and Self-Identity: Self and Society in the Late Modern Age,* Polity Press（秋吉美都ほか訳, 2021,『モダニティと自己アイデンティティ――後期近代における自己と社会』筑摩書房）.
Goodman, Diane J., 2011, *Promoting Diversity and Social Justice: Educating People from Privileged Group (Second Edition),* Taylor & Francis（出口真紀子監訳, 田辺希久子訳, 2017,『真のダイバーシティをめざして――特権に無自覚なマジョリティのための社会的公正教育』上智大学出版）.
Holstein, James A. & Gubrium, Jaber F., 1995, *The Active Interview,* SAGE Publications（山田富秋ほか訳, 2004,『アクティヴ・インタビュー――相互行為としての社会調査』せりか書房）.
Kuhn, Thomas S.,1962, *The structure of scientific revolutions,* University of Chicago Press（中山茂訳, 1971,『科学革命の構造』みすず書房）.

Lave, Jean & Wenger, Etienne, 1991, *Situated learning: legitimate peripheral participation,* Cambridge University Press（佐伯胖訳，1993,『状況に埋め込まれた学習——正統的周辺参加』産業図書）.

Putnam, Robert D., 2000, *Bowling Alone: The Collapse and Revival of American Community,* Simon & Schuster（柴内康文訳，2006,『孤独なボウリング——米国コミュニティの崩壊と再生』柏書房）.

Sandel, Michael J., 2020, *The Tyranny of Merit: What's Become of the Common Good?* Farrar, Straus and Giroux（鬼澤忍訳，2021,『実力も運のうち——能力主義は正義か？』早川書房）.

Wittgenstein, Ludwig Josef Johann, [1953]2009, *Philosophical Investigation, 4th Edition,* Blackwell Publishing Ltd.（鬼界彰夫訳，2020,『哲学探究』講談社）.

《著者紹介》

林　美輝（はやし　みき）

現在　龍谷大学文学部教員

主要研究業績

「『反省』という学――J. ハーバマスのコミュニケーション行為の理論と我々の時代の学習」（上杉孝實・前平泰志編著『生涯学習と計画』松籟社 , 1999 年）.

「生涯学習社会における能力評価の原理的考察――『障害の社会モデル』と『潜在能力アプローチ』を手がかりに」（『社会文化研究』8, 2005 年）.

「学校を卒業した「障害」のある若者を支える――「青年期の学びの場 Leaf」の実践と、つながりの中での「自立」」（『TOYONAKA ビジョン 22』21, 2018 年）.

語《ナラティヴ》りを生きる
――ある「障害」者解放運動を通じた若者たちの学び――

2023 年 8 月 30 日　初版第 1 刷発行　　＊定価はカバーに表示してあります

著者　林　美輝 ©
発行者　萩原淳平
印刷者　江戸孝典

発行所　株式会社　晃洋書房
〒615-0026　京都市右京区西院北矢掛町 7 番地
電話　075-(312)-0788 番(代)
振替口座　01040-6-32280

装丁　永田洋子
組版　（株）金木犀舎
印刷・製本　共同印刷工業（株）

ISBN978-4-7710-3662-8